商务英语翻译研究

牛 翠 ◎ 著

吉林出版集团股份有限公司

图书在版编目（CIP）数据

商务英语翻译研究/牛翠著.—长春 ： 吉林出版集团股份有限公司，2023.9
ISBN 978-7-5731-4312-9

Ⅰ.①商… Ⅱ.①牛… Ⅲ.①商务－英语－翻译－研究 Ⅳ.①F7

中国国家版本馆CIP数据核字（2023）第181959号

商务英语翻译研究

SHANGWU YINGYU FANYI YANJIU

著　者	牛　翠
责任编辑	齐　琳
封面设计	林　吉
开　本	787mm×1092mm　1/16
字　数	220千
印　张	14
版　次	2023年9月第1版
印　次	2024年1月第1次印刷
出版发行	吉林出版集团股份有限公司
电　话	总编办：010-63109269
	发行部：010-63109269
印　刷	廊坊市广阳区九洲印刷厂

ISBN 978-7-5731-4312-9　　　　　　　　　　　定价：78.00元

版权所有　侵权必究

前　言

　　进入21世纪以来，中国已全面融入经济全球化、知识信息化的浪潮，在以和平与发展为时代特征的地球村中扮演着越来越重要的角色，也面临着越来越多的机遇和挑战。随着我国与国外经济、文化等方面交流的增多，对外语人才的数量、质量、层次和种类提出了更高的要求。掌握一门外语以主动融入国际交流是目前乃至未来社会人才必备的重要素质之一，这已成为国人的共识。英语作为一门国际通用语言，已成为国际社会广泛采用的交流工具，越来越多的人将它作为第二语言或外语进行学习和使用。随着科学技术和全球化的进一步发展，英语的重要性无疑会更加凸显。

　　本书主要目的是为翻译教学法的发展起到抛砖引玉的作用，为构建科学、系统的翻译教学法理论贡献一点微薄之力。翻译正是各国之间进行跨文化交流的桥梁，也是人类进行跨文化沟通的纽带。所以，现在对商务英语翻译的研究越来越多，而且对商务英语翻译教学的重视也日益凸显。

　　本书在编写的过程中，查阅了大量资料，在此对相关作者深表谢意。由于时间仓促和专业水平有限，书中难免有所疏漏，还请广大专家、读者见谅并批评指正。

目录

第一章　翻译的理论概述 ... 1
- 第一节　中西翻译的发展历程 ... 1
- 第二节　翻译的不同视角 ... 6
- 第三节　翻译的有关理论 ... 10

第二章　商务英语翻译概述 ... 14
- 第一节　商务英语简述 ... 14
- 第二节　商务英语的性质与特点 ... 19
- 第三节　商务英语翻译的基础知识 ... 26
- 第四节　商务英语翻译研究的现状 ... 31

第三章　商务英语的跨文化翻译 ... 34
- 第一节　商务活动与跨文化交际 ... 34
- 第二节　文化全球化和跨文化翻译 ... 42
- 第三节　跨文化翻译策略 ... 48

第四章　商务英语词汇翻译 ... 53
- 第一节　商务英语翻译的词性转换 ... 53
- 第二节　商务英语代词翻译 ... 61
- 第三节　商务英语数词翻译 ... 71
- 第四节　商务英语翻译的词汇省略 ... 82

第五章 商务英语句式翻译 …… 92
第一节 商务英语否定句式翻译 …… 92
第二节 商务英语比较句式翻译 …… 105
第三节 商务英语定语从句的翻译 …… 117
第四节 商务英语被动句式的翻译 …… 127

第六章 数字时代商务英语翻译教学有效方法及实践 …… 139
第一节 翻转课堂在翻译教学中的应用 …… 139
第二节 任务型教学法在翻译教学中的应用 …… 150
第三节 项目导向型教学法在翻译教学中的应用 …… 161
第四节 合作学习法在翻译教学中的应用 …… 167
第五节 互动教学法在翻译教学中的应用 …… 176

第七章 基于跨文化交际的商务英语翻译教学建议 …… 184
第一节 对商务英语翻译教材提出的建议 …… 184
第二节 对商务英语翻译课程提出的建议 …… 190
第三节 对商务英语翻译师资建设提出的建议 …… 201

参考文献 …… 217

第一章 翻译的理论概述

第一节 中西翻译的发展历程

什么是翻译？有人认为翻译是一门科学，因为它有着自己的内在科学规律；也有人视翻译为一门艺术，因为翻译好比作画，先抓住客观人物的形态和神态，然后用画笔把他惟妙惟肖地表现在画面上；还有人将翻译看作一门技能，因为就其具体操作过程而言，它总是离不开方法和技巧。但是，总的看来，翻译是一门综合性学科，因为它集文学、语言学、社会学、教育学、心理学、人类学、信息理论、生态学等学科特点于一身，在长期的社会实践中已经拥有了自己的一套抽象的理论、原则和具体方法，形成了自己独立的体系，而且在相当一部分语言材料中这些方法正在逐渐模式化。由此可见，视角的不同可以导致人们对翻译性质认识的差异。

一、中国翻译发展历程

中国是一个具有几千年文明历史的古国。据文字记载，早在周代就有了翻译活动。夏商周时期，人们之间的通信十分频繁，许多不同的民族和部落居住在同一块疆域内是十分普遍的。这些不同的部族与居住在中原的民族在语言、饮食、风俗文化等方面有很大的不同。《左传·襄公十四年》记载，戎族酋长戎子驹支曰："我诸戎饮食衣服不与华同，贽币不通，言语不达。"不同民族之间互相交往，就必须有翻译。在《周礼》《礼记》中均有对周朝翻译官职的记载。

《后汉书·南蛮传》记载了周代的口译："交趾之南有越裳国。周公居摄六年，制礼作乐，天下和平。越裳以三象重译而献白雉。"象，即翻译官，后专指翻译南方语言的翻译官。《礼记·王制》中说："中国，夷、蛮、戎、狄五方之民，言语不通，嗜欲不同。达其志，通其欲，东方曰寄，南方曰象，西方曰狄鞮，北方曰译。"除"译"之外，"寄""象""狄鞮"均为翻译官。

西汉人刘向在《说苑·善说》中记载了鄂君子皙请人翻译《越人歌》一事，是我国较早关于笔译的记录。《后汉书·南蛮西南夷列传》中记载有白狼王唐菆写的《慕代诗》三章，即《远夷乐德歌》《远夷慕德歌》和《远夷怀德歌》。《列传》不仅记载了这三首诗的作者、译者姓氏，而且保存了这三首诗的原文汉字记音。这是我国诗歌翻译最早的文字记载。

从汉代起，由于在政治、军事上与北方交涉频繁，"译"逐渐成了总称，"翻"字也从东汉起使用。南北朝时期的佛经译著中已开始使用"翻译"二字。

中国历史上出现过四次翻译的重要时期。第一个时期是东汉至隋唐时期的佛经翻译，第二个时期是明末清初的自然科学翻译，第三个时期是近代的文学翻译，第四个时期是新中国成立后。这四个时期留下了丰富的译学思想和翻译资料，为现、当代翻译学奠定了基础。

二、西方翻译发展历程

一般认为，西方翻译理论可分为五个时期，即古代时期、中世纪时期、文艺复兴时期、近代时期和现（当）代时期。西方翻译理论较之于中国翻译理论更加系统、全面，有较完整的体系和清晰的发展脉络。

（一）古代时期

西方古代第一部重要的译作是《圣经·旧约》的希腊语译本。公元前285年，72名知识渊博的希腊学者遵从埃及国王托勒密二世费拉德尔弗斯的旨意，聚集在亚历山大图书馆，为居住在各地的犹太人将用希伯来语写成的《圣经·旧约》译成希腊语。历时36年方得以完成，称为《七十子希腊文本》。公元4世纪末5世纪初，著名神学家哲罗姆（347—420）奉罗马教皇之命，成功地组织了《圣经》的拉丁文翻译，并将其命名为《通俗拉丁文本圣经》，该译本后来成为罗马天主教承认的唯一圣经文本。西方翻译理论发源于公元前1世纪。古罗马帝国政治家和演说家西塞罗发表了著名的《论演说术》。在这篇演说中他说:"我认为,在翻译时,逐字翻译是不必要的,我所做的是保留原文的整体风格及其语言的力量。因为,我相信,像数硬币一样地向读者一个个地数词,不是我的责任,我的责任是按照它们的实际重量支付给读者。""按实际重量支付"即"保存原文的全部意义"。这段话首次谈到了直译和意译,明确提出反对逐字翻译。这个时期,翻译家们大都根据自己的翻译实践对翻译进行分析和论述,主要集中在直译还是意译这类问题上。奥古斯丁是与哲罗姆同时代的神学家、哲学家,对翻译理论有许多深刻的见解。他认为,翻译的基本单位是词;翻译有三种风格:朴素、典雅、庄严,其选用取决于读者的需求。他从亚里士多德的"符号"理论出发,认为忠实的翻译就是能用译语的单词符号表达源语单词符号指示的含义,即译语词汇和源语词汇具有相同的"所指"。这套理论对后世有深远的影响。

(二)中世纪时期

中世纪时期即西罗马帝国崩溃至文艺复兴时期。英国阿尔弗雷德国王(849—899)是一位学者型的君主,用古商务英语翻译了大量的拉丁语作品,常常采用意译法,甚至近于创作。11、12世纪,西班牙中部地区的托莱多形成了巨大的"翻译院",主要内容是将阿拉伯语的希腊作品译成拉丁语,接续欧洲断裂的文化传统。中世纪末期出现了大规模的民族语翻译,促成了民族语的成熟。英国的乔叟翻译了波伊提乌的全部作品和薄伽丘的《菲洛斯特拉托》等,德国的维尔翻译了许多古罗马作品,俄国从基辅时期起翻译了不少希腊语和拉丁语作品,其中著名的翻译家有莫诺马赫、雅罗斯拉夫等。翻译理论的代表人物有罗马神学家、政治家、哲学家和翻译家曼里乌·波伊提乌。他提出翻译要力求内容准确,而不要追求风格优雅的直译主张,译者应当放弃主观判断权的客观主义观点,这在当时产生了较大的影响。

(三)文艺复兴时期

从14世纪至17世纪初,西方翻译进入繁荣时期,产生了许多具有代表性的翻译家和有影响的翻译理论。英国翻译题材广泛,历史、哲学、伦理学、文学、宗教著作,无所不及。查普曼先后翻译了荷马史诗《伊利亚特》和《奥德赛》,

成就卓越。他认为翻译既不能过于严格，亦不能过分自由。人文主义者廷代尔，以新教立场翻译《圣经》，面向大众，通俗易懂，又兼具学术性与文学性，取得了巨大的成功。然而，他的翻译触犯了当时的教会权威，1535 年，教会以信奉宣扬异教的罪名将廷代尔处以火刑。赫兰德是英国 16 世纪最著名的翻译家，其翻译的题材多样，尤以历史翻译见长，著名作品有李维的《罗马史》、绥通纽斯的《十二凯撒传》等。法国的阿米欧于 1551 年翻译了《希腊、罗马名人比较列传》，内容忠实，文笔清新自然。他主张译者务必充分理解原文，译文要淳朴自然。语言学家、人文主义者多雷在其《论如何出色地翻译》中提出了翻译的基本准则：译者要完全理解翻译作品的内容；要通晓所译语言；语言形式要通俗；要避免逐字对译；要注重译文的语言效果。德国主要有路德的《圣经》翻译，遵循通俗、明了、大众化的原则，在官府公文的基础上吸收了方言精华，创造了本民族普遍接受的文学语言形式，为德国文化的发展做出了杰出贡献。路德认为，翻译必须采用平民化的语言；必须注重语法和意思的联系；必须遵循一些基本原则。路德之所以能在翻译实践中取得成功，是和他的理念分不开的。德国另一位代表人物伊拉斯谟认为，翻译必须尊重原作；译者必须要有丰富的语文知识，必须保持原文的风格。

总体而言，这一时期对翻译的认识和讨论十分热烈，由此奠定了西方译学的理论基础。

（四）近代时期

从 17 世纪至第二次世界大战结束的近代时期是西方翻译的黄金时期。1611 年，英国出版了《钦定本圣经》，译文质朴典雅，音律和谐，是一部罕见的翻译杰作。不久，谢尔登译出了塞万提斯的《堂吉诃德》。蒲伯于 1715—1720 年在查普曼的基础上重译了《伊利亚特》和《奥德赛》。莪默·伽亚谟的波斯语作品《鲁拜集》于 1859 年有了第一个英语译本，后几经修订，跻身英国翻译史上最优秀的译作之列。17 世纪法国文坛盛行古典主义，因此翻译以古希腊、古罗马的文学作品为主；18 世纪，法国向往古老神秘的中国，翻译了不少中国作品，元曲《赵氏孤儿》就是这个时期翻译到法国的；19 世纪以西方各国文学的翻译为特色，莎士比亚、歌德、但丁、拜伦、雪莱的许多作品都有了法语译本。这个时期的翻译理论较为全面、系统，具有普遍性。其代表人物有：

英国的约翰·德莱顿、亚历山大-弗雷泽·泰特勒，法国的夏尔·巴托。德莱顿对翻译进行了较为系统、全面的研究，认为翻译是一门艺术，译者必须掌握原作的特征，服从原作的意思，翻译的作品要考虑读者的因素。同时还将翻译分为三大类：逐字译、意译和拟作。泰特勒在1790年撰写的《论翻译的原则》一书中提出著名的"翻译三原则"：

（1）译作应完全复制出原作的思想。

（2）译作的风格和手法应与原作保持一致。

（3）译作的语言应具备原作的通顺。

进入19世纪，德国逐渐成为翻译理论研究的中心。代表人物有神学家、哲学家施莱尔马赫，文艺理论家和翻译家施雷格尔，语言学家洪堡特。翻译研究的重点集中在语言和思想方面，逐步形成了一定的研究方法和翻译术语，从而把翻译研究从某一具体篇章中抽象分离出来，上升为"阐释法"。这种方法由施莱尔马赫提出，施雷格尔和洪堡特加以发挥。施莱尔马赫在《论翻译的方法》一文中较为全面地论述了翻译的类型、方法、技巧，形成了比较系统的翻译理论，在19世纪产生了重大影响，至今仍具有一定的现实意义和作用。其主要内容包括以下几点：

（1）翻译分为笔译和口译。

（2）翻译分真正的翻译和机械的翻译。

（3）必须正确理解语言思维的辩证关系。

（4）翻译有两条途径，一条是尽可能忠实于作者，另一条是尽可能忠实于读者。洪堡特进一步认为：语言决定思想和文化，语言差距太大则相互之间不可翻译，可译性与不可译性是一种辩证关系。洪堡特关于"可译性"与"不可译性"的论述在今天同样具有重要的借鉴意义。

（五）现（当）代时期

众所周知，20世纪上半叶爆发了两次世界大战，翻译和翻译理论研究受到极大的破坏而驻足不前，其间几乎没有有影响的翻译和翻译理论研究。然而，第二次世界大战以后，翻译和翻译理论研究则在西方迅速恢复并很快进入一个繁荣时期。

西方现（当）代翻译理论时期指从第二次世界大战结束至今，这一时期在翻译范围、形式、规模和成果方面都是历史上任何时期无法比拟的。翻译理论研究在深度和广度方面亦取得了突破性的进展。这一时期，由于受现代语言学和信息理论的影响，理论研究被纳入语言学范畴，带有较为明显的语言学色彩；同时，由于在理论研究中文艺派的异常活跃，又使翻译理论研究带有明显的人文特征。所以，翻译理论的研究大都走科学与人文结合的道路。而且，翻译研究更加重视研究翻译过程中所有的重要因素，包括语言使用者的社会因素等，以及它们之间的相互关系和产生的相互影响，并以此解决翻译中的各种问题，使翻译这门学科具有较为成熟的学科特征。

现（当）代翻译理论时期涌现出一大批在翻译理论与实践方面成绩卓著的人物，并逐渐形成了流派。主要包括：布拉格学派、伦敦派、美国结构派、交际理论派，或语言学派、交际学派、美国翻译研究班学派、文学文化学派、结构学派、社会符号学派，这些学派的研究使西方翻译理论逐渐形成体系，趋于成熟。

第二节　翻译的不同视角

老子说："信言不美，美言不信。"英国著名小说家、诗人吉卜林说："东是东，西是西，东西永古不相期。"自古以来，不少人对翻译的认识做出了许多精彩的论述，这也从一个侧面反映出翻译的重要作用。古今中外的哲学家、思想家、文学家、艺术家、翻译家对翻译情有独钟，用精辟的语言道出翻译之"事"。例如不少人将翻译与绘画相提并论，有道是"隔行不隔理"。一代丹青大师齐白石老先生就说："作画妙在似与不似之间，太似为媚俗，不似为欺世。"我国著名翻译家傅雷说："以效果而论，翻译应当像临画一样，所求不在形似而在神似。"

钱钟书老先生著名的"化境"论说：文学翻译的最高理想可以说是"化"，既不因语文差异而露生硬的痕迹，又能完全保存原有的风味。无独有偶，威切斯勒将翻译家与音乐家相比较，认为翻译家和音乐家是同一性质的，他们都把别人的作品通过自己的艺术创造再现给人们。英国著名翻译理论家西奥多·萨瓦里也曾把文学翻译比作绘画，把科技翻译比作摄影。泰德勒则将翻译比喻为复制一幅画。画论译理，灵犀相通，可见齐白石老先生所论实在是至理名言，之于翻译实则是精妙的法则：翻译作品不可"不似"原作，如"不似"原作，则决然不是翻译；翻译作品不可"太似"原作，如"太似"原作，又如何能称为艺术？只有"妙在似与不似之间"，才能既是翻译，又是艺术。

19世纪以来，不少人开始以传统语言学理论为基础研究翻译问题，认为翻译是运用一种语言把另一种语言准确而完整地重新表达出来的语言活动；或是把一种语言的连贯性话语在保持其内容及意义的情况下，改变为另一种语言的连贯性话语的过程。进入当代，受当代语言学的影响，人们把研究的视点从语言本身扩展到交际语境、语域、语用等范畴，认为翻译是一种交际活动。美国语言学家、翻译家奈达是交际翻译观的代表人物。他认为，翻译是指在译语中用最贴切而又最自然的对等语从语义到文体再现原文的信息。在过去十年，以文化研究为重点的翻译研究形成了一个热门的领域。研究认为，翻译是不同国家和民族进行政治、经济和文化交往的产物，并反过来推动它们之间关系的发展，使一国的文化为别国所共享、所借鉴，从而促进各国民族文化的繁荣和创新。这一时期，不少西方学者使用"跨文化"来形容翻译的这一活动。其中代表人物为科纳切尔，他明确提出"跨文化以文本为依托，以跨文化信息转换为宗旨，翻译是译者适应翻译生态环境而对文本进行移植的选择活动"；另一个是从认知语言学视角研究翻译问题，即王寅先生的认知语言学翻译观，认为"翻译是一种认知活动，是以现实体验为背景的认知主体所参与的多重互动为认知基础的，译者在透彻理解源语言语篇所表达的各类意义的基础上尽量将其在目标语言中映射转述出来，在译文中应着力勾画出作者所欲描写的现实世界和认知世界"。两位先生尽管从不同的视角对翻译进行了系统的研究，但都认为翻译应该综合考虑翻译过程中的诸多因素，最终实现和谐翻译，促进跨文化交际的顺利进行。

与此同时，不少人认为翻译是艺术创作的一种形式，强调语言的创造功能，讲究译品的艺术效果。如拉斐维尔、兰伯特等人就认为"翻译就是对原文的重新摆布"。当然，也有学者认为，翻译是一门实践性很强的艺术，既是模仿，又是创造。

值得一提的是，实用主义者从翻译的现实成分出发，把翻译看作客户委托做的工作。周兆祥先生就认为翻译工作不是什么超然于社会之外的艺术，而是配合社会发展需求而提供的雇佣兵式的服务。他说："译者的主要责任，不是译好某些文字，而是为了委托者的最大利益，完成当次委托的任务。"罗宾逊也谈道："不同的人对翻译有不同的看法，不做翻译的人视其为文本处理，译者则视之为一种活动。"

长期以来，人们对翻译的争论和论述还集中在翻译作品"可译"与"不可译"上，使之成为一个古老的悖论，为人们提出一个二律背反的命题。一方面，人们认为翻译为人们的沟通和交流发挥了巨大作用；另一方面，很多学者、作家、思想家、翻译家对翻译的真实性又表示怀疑。例如，意大利文艺复兴时期伟大的神学家但丁（1266—1321）就提出"文学作品不可译"的观点，他始终认为"翻译将破坏全部的优美和谐"。他说："任何富于音乐和谐的作品都不可能译成另一种语言而不破坏其全部优美的和谐感。"西班牙大作家塞万提斯（1547—1616）则形象地将翻译比喻为"反面观赏弗兰德斯的花毯"（又译为佛拉芒毯），图案轮廓固然清晰，色彩却不见了。他在其长篇小说《堂吉诃德》中借主人公堂吉诃德的口这样说道："不过我对翻译也有个看法，除非原作是希腊、拉丁两种最典雅的文字，一般的翻译就好比弗兰德斯花毯翻到背面来看，图样尽管还看得出，却遮着一层底线，正面的光彩却不见了，至于相近的语言，翻译只好比誊录或抄写，显不出译者的文才。"而法国启蒙思想家伏尔泰（1694—1778）说："翻译，增加一部作品的错误并损害它的光彩。"德国语言学家施莱格尔更为直接："翻译好比一场拼死拼活的决斗，最后失败的不是译者就是原作者。"意大利哲学家克罗齐一语惊人："翻译好比女人，忠实的不漂亮，漂亮的不忠实。"英国诗人雪莱也说："译诗是徒劳的，犹如将紫罗兰扔进坩埚里。"彼得·纽马克对翻译的比喻非常实际，他说："许多翻译都是在一种方案与另一种方案之间的妥协。翻译是一种变戏法的动作，是一种碰运气的事，是在走钢丝。无论对译者或者对翻译批评者而言，只要有时间，他们总会对已翻译的东西改变主意或看法。"

德国翻译家洪堡特也就翻译的可译性与不可译性发表了两元语言观。他指出："所有翻译都只不过是试图完成一项无法完成的任务。任何译者都注定会被两块绊脚石中的任何一块绊倒，他不是贴近原作贴得太紧而牺牲本民族的风格和语言，就是贴近本民族特点太紧而牺牲原作。介乎两者之间的中间路线不是难以找到而是根本不可能找到。"但是他又说："在任何语言中，甚至不被我们所了解的原始民族的语言中，任何东西，包括最高的、最低的、最强的、最弱的东西，都能加以表达。"不难看出，翻译是难事，但又十分精彩。有趣的是，人们在论述翻译时都力图将翻译与丰富的色彩和鲜明的个性相提并论，这充分说明翻译内涵的丰富和外延的广阔。著者曾在翻译课中就同一作品的多种翻译为学生做比较时谈道：不同译者的文化背景、个性特质、社会表征等多种因素决定了他对翻译作品的理解和翻译的风格，这些东西体现在译品中使之产生差异并对读者产生影响，有时候概括为仁者见仁，智者见智，然而译品对读者的影响负有社会责任。译品在多大程度上忠实于原作并传递出原作的思想和风格，甚至细微的语言特征，这确实很难把握，并且难有一个统一的标准。人们说译品好或不好，同样和人们的教育程度和个人特质有关，并且很大程度上和人们受传统文化教育的影响十分密切。有人一生中翻译了很多作品，却很少有产生影响的；有人一生中只翻译了一部作品，却在相当长的时间内影响甚广；有人因译品名声大噪；有人的译品成为经典而自己却鲜为人知。由此提出一个令人感兴趣的问题：谁来从多种因素出发比较和认定译品的忠实和好坏？以《简·爱》为例，译品有二三十种，可以说除了译者特定的生活时代的烙印表现在译文中以外，应该说都各有千秋。然而，就整体而言，谁在最大程度上忠实于原作，传递出原作的思想和风格，又有谁愿意去做精准的比较和论断？

其实，翻译之精彩足以让人们以严肃的态度和宽阔的胸怀来认识和理解原作和译作、作者和译者之间的关系以及他们承载的文化和社会责任。德国文豪歌德（1749—1832）把翻译家比作"媒人"，他说："翻译家应被看作忙碌的媒人。他对一位还半遮着的美人大加赞誉，说她真值得我们倾心。媒人就这样激起了我们对这位美人的爱慕，一定要对她本来的长相看个究竟。"美国女翻译家马格利特·佩顿借用自然科学对物质从一种状态变成另一种状态的描述对翻译做了十分新颖的比喻，她说："我喜欢把原作想象成一块方方正正的冰。翻译的过程就是这块冰融化的过程。待到冰变成了液体状态时，每个分子都变换了位置,没有一个分子与其他的分子再保留着原来的关系。它们开始了在第二种语言里形成作品的过程。分子有逃逸掉的,新的分子涌了进来填补空缺,但是这种成型和修补的轨迹完全是隐性的。在第二语言里确立起来的译品是一块新的方方正正的冰块,它虽与原来的冰块不同,然而外表看上去却是一模一样的。"德国浪漫主义运动的先驱赫尔德为人们揭示了一个真理:译作与原作不可能完全画等号。赫尔德说:"一种语言在被翻译之前就如同一个处女,尚未与一个外国人同床共枕并生下混血儿。暂时来说,她还仍然保持着其纯洁与天真,展现的是其人民性格特征的真实形象。"

不难看出,对翻译既有侧重宏观的比喻,又有侧重翻译过程的描述的想象比喻。从以上对翻译的比喻我们可以对翻译有一个初步的认识。通过这些比喻,人们可以对翻译的本质有一些认识,从而为学习翻译打下良好的基础。

第三节 翻译的有关理论

一、翻译的概念

翻译有广义与狭义之分。广义的翻译包括语言与语言、方言与民族共同语、方言与方言、古语与现代语、语言与非语言(符号、数码、体态语等)之间的信息转换。这个概念的外延是相当宽泛的,它包括不同语言间的翻译、语言变体间的翻译和语言与其他交际符号的转换等。广义的翻译主要强调"基本信息"的转换,不强调"完全的忠实"。广义的翻译也称作"语际翻译"。

狭义的翻译一般是指"语际翻译",即用一种语言符号解释另一种语言,诸如英译汉、汉译英、法译英等不同语言之间进行的翻译。狭义的翻译是一种语言活动,"是把一种语言表达的思维内容忠实地用另一种语言表达出来的语言活动"。这个定义强调"翻译是一种语言活动",确定了狭义翻译的性质,表明它是人类多种交际方式中语言交际的沟通。

英汉翻译就是把英语所表达的思维内容忠实地用汉语表达出来的语言活动,它包含着一个对原文含义的理解逐步深入、对原文含义的表达逐步完善的过程。

二、翻译的分类

关于翻译的分类，可以从不同角度进行划分。

1. 按照工作方式，翻译可分为口译、笔译、机器翻译和机助翻译。口译又可分为连续翻译和同声传译。机器翻译是现代语言学和现代智能科学相结合的产物，可望在某些领域替代人工翻译。

2. 根据内容题材，翻译可分为文学翻译和实用翻译。文学翻译包括诗歌、小说、戏剧、散文以及其他文学作品的翻译，着重情感内容、修辞特征以及文体风格的传达；而实用翻译包括科技资料、公文、商务或其他资料的翻译，强调实际内容的表达。

3. 根据处理方式，翻译可分为全译、摘译、缩译、节译和编译等。

4. 根据所涉及的两种代码的性质，翻译可分为语内翻译、语际翻译和符际翻译等。

5. 根据所涉及的语言，翻译可分为外语译成母语和母语译成外语等，如英译汉、汉译英。除了以上所列几种划分方法之外，在实际运用中还有许多具体的分类法，这里不一一赘述。本书中所讲的翻译，主要是从狭义翻译（语际翻译）的意义上来谈的，特别是指英汉语言的翻译。

三、翻译的标准

翻译的标准是用来约束翻译者的活动的准绳和评定翻译作品质量的尺度，而且具有极其重要的意义。自从有了翻译活动，对于翻译标准的讨论就开始了。而且至今它仍然是众多译者、翻译研究者和爱好者津津乐道的话题，也正是在这些热烈的讨论中，翻译学科在不断地向前发展。

由于翻译的多功能性，翻译作品的多样性，翻译手法与风格的多样性以及作品受众的多层次性，翻译的标准也具有多元性，很难找到一个绝对标准。但是在具体的翻译工作中还是可以找到一些可操作的标准来对译著进行衡量的。

而在我国最有影响力的翻译标准至今仍是清代著名思想家、翻译家严复所提出的"信、达、雅"。所谓"信"即指忠实,译文要准确地传达原著的思想内容;所谓"达"即指译文要明白通达、通顺流畅,符合习惯;而"雅"则"求其古雅",严复认为应将文章尽量译得富丽典雅符合中国古文的遣词造句的要求。这显然是有其局限性的。作为书面语言的翻译固然要正规一点,或者说"雅"一点,但是由于作品的风格不同又题材多样,有"雅"的也有不"雅"的,所以把"雅"字定为标准是偏颇的。就整体而论,"信、达、雅"不失为一个好标准,所以仍然为许多翻译工作者所沿用。"其原因在于这个字简单明了,而且层次鲜明主次清晰,即先求信,要忠实;再求达,要通顺;信达至上,而后求雅,提升译文水平层次。"

近代各翻译大家也各自提出了自己的观点。如钱钟书的"化境论"、梁实秋的"神似说"、鲁迅的"信与顺说"等。而从国际翻译研究来看也是争论热烈,观点层出不穷。

综合上述各种观点,就是要"忠实准确,流畅切合"。这个标准概括了翻译定义中两个方面,对于初步掌握了英、汉两种语言的学习者来说,这是一个较为合理适用的标准。

所谓忠实准确,首先是指译文内容要忠实于原文,译文要把原作的语义内容在转述过程中翔实而准确地表达出来,这包括文章中反映出来的思想、立场、观点、态度、感情、环境、背景等。另一方面忠实还指要对原作的特色,包括作品的民族特色、时代特色、地域语体特色、语言特色等进行忠实而准确的反映。另外根据翻译的定义,译文还要忠实于原著所起到的语境功能和社会功能,既不能夸大也不应缩小,要尽量准确地反映原著在原语境中的各种功能。

而"流畅切合"强调译文的语言应符合规范,通俗流畅,规范易懂,并且译文风格要与原著相切合。为求通俗易懂,而将孤傲高雅的文章译得淡如白水,为求规范,切忌将诙谐幽默的文章译得呆滞死板,或者为求可接受性强,而将内涵丰富引人联想的文章译得居于一隅。都是不合理的。这也是为什么要在通顺或流畅后加上切合的原因。总之,这一标准就是要求译者在尽量符合原著规范情况下追求与原著切近的风格。

必须要强调的是,"忠实准确"与"流畅切合"是辩证统一的,两者相辅相成。它们既相互对立又相互促进。处于首位的是内容忠实准确,而风格的流畅切合处于从属地位、次要地位。但次要并不意味着不重要,忠实而不流畅,读者不愿接受,也达不到忠实的作用;流畅而不准确,脱离了原著的内容与风格,就谈不上切合,也失去了流畅的意义。忠实而准确的译文往往是流畅而切合原著风貌的,而流畅、切合原著风貌的译文才会是准确而忠实的。我们将英语译为汉语时,往往不容易达到这两个标准,或是顾及了忠实准确而不够流畅切合,或足够流畅切合时,则不够忠实和准确。这有可能是因为原著比较复杂深奥,做之难做,不好表达,或是译者水平不高不能表达。

另外,根据原著类型的不同,对标准的侧重也不太一样。政论性、批评性作品要求更注重忠实准确,以保证其科学精确性和政治严肃性,而文学性、艺术性作品强调风格流畅切合,以充分展现原著与原作者风格,起到推广丰富文学文化的作用。

第二章　商务英语翻译概述

第一节　商务英语简述

随着全球经济一体化的加速发展，全球贸易日益一体化，中国与世界贸易合作日益增多，跨国商业活动越来越频繁。作为用于国际经济交流和商业活动的语言交流工具，商务英语是一种新兴的跨学科综合专业，被用作国际经济交流和商业活动的语言交流工具。英语是当今世界上的通用商务语言，在国际商务活动中起着举足轻重的作用，并且在商务活动的整个过程中都存在。实际上，诸如技术引进、对外贸易、投资促进、国际金融、海外保险、国际旅游、海外投资和国际运输等业务活动的范围非常广泛。这些活动中使用的英语统称为商务英语。商务英语是专用英语（ESP）的一个分支，主要指商务背景所需的语言技能。全球经济向一体化发展，网络通信和多媒体技术的使用，国际商务活动的范围不断扩大，商务英语的含义正在扩大和提升。就语言特征而言，"商务英语"是对英语词汇、句子模式和风格的有机总结，反映了该领域通常在商务领域中使用的专业活动的内容。在长期使用和发展过程中，商务英语已形成独特的风格，并已成为从事国际商务活动的特殊英语。

21世纪是知识经济的时代。作为英语重要的功能变体之一，国际商务英语每天都表现出强大的生命力。其适用性和普遍性是明显的。由于我国经济的快速发展和贸易的全球化，社会需要大量的跨学科人才，他们不仅需要掌握英语的实践技能，还需要掌握商业技能。

一、商务英语的内涵

通常，商务英语是指从事商务活动的人所说的英语，在西方国家通常被称为"商务英语"。在20世纪80年代，在我国，商务英语主要用于对外贸易，因此也被称为对外贸易英语。随着经济发展全球化程度的提高，中国已经在更广泛的领域和更深的层次上融入了国际社会。政治、经济、文化和教育领域的国际交流与合作日益频繁，现代商务英语的收录和扩展也在不断扩大。

顾名思义，"商务英语"包括两个方面：英语和商务活动。商务英语用于各种商务活动，因此具有"商务"的特征。"业务"是业务员使用英语进行的业务活动和业务联系的总称，是交流的内容。"英语"是交流的媒介。"商务"和"英语"不应该只是添加内容、关系，而是两者的有机融合。

语言交流有其自己的语言环境。商业话语是一种专业话语，它是人们使用语言的产物。语言和业务活动紧密相连，以使您的业务平稳运行。商业活动参与者具有语言、词汇和语法资源。商业活动本身决定了语言使用的性质。商务英语的标志主要是其专业性和相关性。归根结底，实用性是商务英语的最大特点。注重商务交际中口头和书面表达的准确、简洁、规范。

由于国际商务活动的客观性和现实性，商务英语中有许多专业术语和公式，但它们必须以礼貌、清晰、可行的结构和得体的表达来使用。用商务英语表达的语言信息是商务活动的内容，因此必须准确使用专业词汇。商务英语要求您掌握一定数量的商务词汇，但是仅凭一定数量的术语并不能使您自由地处理各种商务问题。

商务英语是一种具有社会功能的英语变体，拥有强大的专业业务，其中包括用于国际商务活动的专业英语、特定专业科目以及其他专业英语（例如，旅游英语、法律英语、医学英语）。您应该使用的主要语言是英语。商务英语源自通用英语，具有通用英语的语言特性，但由于它传达了商务理论知识和商务信息，因此具有固有的独特性。商务英语是国际贸易中使用最广泛的语言，是商务伙伴之间进行交流的必不可少的语言。内容包括基本的英语知识、专业知识、行业和种族习惯、人际关系、处理技能等。因此，从语言结构上看，商务英语不仅有许多术语、句式和专业词汇，而且有相当数量的委婉语和正式表达，它们包含着适合不同场合、不同话题和迎合不同对象的交际策略。无论是口语还是书面，它们都必须证明语言结构的适用性、语言表达的适用性、表达的可接受性以及语言使用的正确性。

二、商务英语的组成要素

英国商务英语专家 Nick Brieger（1997）提出了"商务英语类别"理论。他认为，"商务英语应包括语言知识（Language Knowledge）、交际技能（Communication Skills）、专业知识（Professional Content）、管理技能（Management Skills）和文化背景（Cultural Awareness）等核心内容"。

首先，语言能力是沟通能力的基础。但是，仅仅因为您具有语言能力并不意味着您就具有沟通能力。美国社会语言学家德威尔·海姆斯（Dwell Hymes）认为，交流技巧涉及一种知识系统，该知识系统涉及何时、何地、以何种方式适当地使用语言形式，以及对语言的语言形式的理解和掌握。现在，越来越多的人达成共识，沟通技巧应包括听、说、读、写和社交技巧。这主要表示含义和相关性。商务英语的实用性强调了沟通技巧的重要性。

其次，您的业务背景内容决定了您在特定情况下应使用的沟通和语言技能。商务沟通技巧是指商务沟通活动中所必需的技巧，包括口头和非口头的。在特定情况下使用的语言取决于您的业务背景和沟通技巧。词汇的选择取决于业务交流的内容。单词对于不同的职业可能具有不同的含义，并且在不同的情况下可能具有不同的表达方式。如果您不熟悉相关专业知识并注意单词的上下文，则很难进行准确的翻译或真诚的表达。另一方面，沟通技巧决定了句型、文本结构、样式、语调和节奏的变化。

在翻译国际商务英语时，翻译人员必须理解并获得专业的背景知识，注意对原文的忠实和准确的理解，并尽可能准确地翻译原文的真实含义。商务英语中有许多术语，其中一些通常是熟悉的单词或短语，但是它们在商务英语或特定主题中获得了特殊的含义。例如："Your immediate attention to our enquiry and proposal will be appreciated."（我方询盘与建议若能得到贵方迅速办理，则不胜感激。）"enquiry"通常意为"询问、打听、调查"，但在商务信函中指"询盘"。也就是说，"询盘"的标准英译就是"enquiry"。您的词汇量取决于您的职业背景。为了实现准确翻译的目的，翻译人员不仅必须具有扎实的基本双语技能，而且还必须在每个业务领域都具备专业知识，并熟悉每个领域中经常出现的术语。当您遇到不了解的术语时，不要寻找文学意义。

  商业参与者还必须具有强烈的跨文化意识。商务英语翻译的任务不仅是语言转换，还包括文化信息的交换和交流。商务英语必须在商务活动中使用英语，并且该语言必须基本、流利且准确。此外，只有当您熟悉英国和美国的文化背景和习俗时，成功的沟通才有可能。不了解彼此的文化背景会导致业务互动中的错误。不同文化和语言的人说："我们需要一种国际认可的方式，使不同文化的人和以母语为母语的人相处得更快，更容易。"（埃利斯和约翰逊）王佐良指出："没有了解语言的文化，没有人能真正掌握一门语言。"翻译不是那么容易，因为语言反映了文化并包含了丰富的文化含义。它受文化限制的影响。当语言进入交流时，在理解和表达文化含义时就会出现问题。为此，翻译人员不仅必须具有双语能力，而且还必须具有双文化和多元文化知识，尤其是民族心理观念、文化形成过程、历史习俗和传统、宗教文化，甚至两种语言的地域特征。您必须具有一定的了解才能熟悉跨文化的交流活动，例如国际商务。

三、商务英语的学科定位

  随着全球经济的发展，英语在国际商务活动中的地位变得越来越重要。作为一个独立的主题，商务英语的发展和增长是无法停止的。但是，作为一门学科，尽管近几十年来取得了长足的进步，但是商务英语在社会上的定义是多种多样的，其地位仍然是模棱两可的。

  埃利斯（Ellis）和约翰逊（Johnson）认为，商务英语应该属于ESP类别。原因是它包含了其他特殊目的英语应包含的所有关键元素。在特定目的下，商务英语与其他英语有所不同。这包括特定内容和通用内容。它的特殊性意味着它主要与特定的行业有关，而普遍性则意味着它处于业务状况中，但是必须具有与提高信息交换效率相关的普遍能力。我们认为，商务英语是一种跨学科的英语功能转换，在语言学和应用语言学理论的指导下，将英语、企业管理、外交和外交、外贸谈判、市场营销、金融、经济学等相结合，而综合语言学则占据主导地位。实际上，它吸收了其他领域的研究方法。这些特征的存在可以肯定地保证商务英语的生命力和发展潜力。商务英语是一门综合性的语言学科，与当前的政治、经济、文化和技术活动密切相关，并将随着时代的发展而发展。

四、商务英语的发展现状

在世界上许多国家，商务英语目前正在显示出积极的发展动力。发达国家非常重视商务英语教育，许多大学都开设了商务英语课程。在以英语为第一语言的国家，外语教育界将商务英语教育视为特殊目的英语（ESP）领域。在英国，主要的经济贸易学院和大学提供商务英语课程。例如，牛津大学和剑桥大学将国际商务英语考试推向世界，伦敦商会建立了商务英语认证培训和考试机构；哈佛大学、斯坦福大学、加利福尼亚大学伯克利分校和美国其他著名机构开设了商务英语课程，普林斯顿大学还建立了以商务英语为核心的国际贸易英语考试中心。英国和美国的主要广播公司每天都播出商务英语教育节目，而与此同时，在许多国家的大城市和小镇上，有许多商务英语教育学校。根据《商务英语教育》作者马克·埃利斯（Mark Ellis）和克里斯·汀约翰逊（Christine Johnson）的说法，仅在英国，就有100多家这样的学校。

英国中央兰开夏大学（University of Central Lancashire）专门研究商务英语，已与中国几个主要城市（如上海、广州、深圳和其他地区）的大学合作开设了商务英语，并培训了许多商务英语专业学生。

商务英语人才在我国越来越受到重视。为了适应这种情况，许多大学开设了商务英语专业。美国各地有将近300所大学提供商务英语专业或方向的官方信息。

随着社会对商务英语的需求增加，各种各样的课程比比皆是。有各种各样的商务英语认证考试。最具影响力的是由商务部、人力资源和社会保障部管理的全国出口销售员考试。由英国教育部和剑桥大学联合举办的全国商业资格证书考试，剑桥商业英语证书考试是联合举办的。商务英语教育的积极发展已逐步形成商务英语课程体系。这清楚地表明，商务英语已经渗透到我们的生活中，并赢得了极大的关注和许多人的青睐。

第二节　商务英语的性质与特点

一、商务英语的性质

如上所述，国际商务英语（International Business English）属于特定目的英语（ESP）的类别。哈钦森和沃特斯认为"特殊目的英语不是英语的'特殊种类'"。尽管专用英语具有其自身的特殊语言特征，但没有特殊类型的语言。换句话说，出于特殊目的的英语不应被视为不同于普通英语的特殊语言，因为两者之间的相似性大于特殊性。Munby 将学术目的英语分为两类：学术目的英语，是指用于完成学术研究或进行学术研究和交流的英语，具有很高的学术性；专业目的英语（职业英语），指的是在特定行业中工作的英语，非常实用和专业。哈钦森和沃特斯（Hutchinson and Waters）认为，商务英语是针对特定目的的英语分支，是一种变体。商务英语全名必须为 English For Business and Economics（EBE）。在美国，商务英语是指"商务交流术语"（Mary Ellen Guffey）。

二、商务英语翻译的特点

商务人员的需求特点最主要表现在经济利益的最大化。为此，准确、快捷地得到他们所需要的信息是经济利益最大化的根本保障。由于商务人员交流的载体往往是商务语言，这样，商务语言的准确、通顺和规范性即专业性又是取得商务交际成功的基本保证。接下来，我们将进一步分析商务语言的特征。

商务语言是各种具体语言的一种变体，是商务活动中所使用的一种特定的语言形式，除了具有普通语言所具有的语言特点之外还具有特定的规范，并承载着特定的社会功能。商务语言可以区分为普通商务语言和专业商务语言。前者是指没有从事过商业活动或刚刚从事过商业活动的人学习和掌握的涉及商业实践内容的语言；专业商务语言是指有商务经验的人所学习和使用的语言。此时，人们将商业知识和商业技能与语言学习结合起来。

专业商务语言，其规范性和专业性比普通商务语言在多个语言形式层面上都更强。商务语言文本包括了多种实用文体的文本，应该说各种文本都可能具有自身的特点。下面，排除商务广告语言，我们从较为共性的角度来看看其他专业性商务语言的特点。

（一）词汇特点

1. 专业性

专业文本中的词语都具有专业性的特征。商务词汇大多源于人们的日常生活，在日常生活中有其基本意义，但是进入商业领域后，却成了包含商务内涵的专业词汇。一般来说，若了解这些专业词汇，就不会存在翻译障碍。但对于一些生手而言，则容易犯望文生义的毛病，不了解一些普通词汇的专业用法，也不去做任何查询，极易导致误译。

2. 缩略形式多

商务英语注重简洁，多使用缩略形式，这符合语言使用的经济原则，更适合商务人员讲究经济节奏的风格。

3. 逻辑功能词与名词使用频率高

在商务英语中，"使用名词化可以表达很多需要用名词短语来表达的意思。"因此，名词的使用可以集中信息并符合商务交流中语言表达的经济原则。而且，由于名词化是动词的名词化，所以用名词代替动词可以避免诸如时态、身体、声音和形式之类的元素，从而使整篇文章客观、正式和严格。但与此同时，由于可以通过动词表现的时、体、语态、语气、情态等因素不明显，因而，商务语言表达中不得不依赖于其他因素来表达话语中的逻辑关系，尤其是表达逻辑功能的连词和介词。

4. 近文言体

近文言体在商务翻译中有一定的广泛性，近文言体的使用体现了商务语言的严肃性、规范性以及经济性。

（二）句法特点

1. 被动态的使用

被动结构的使用可以增强内容的客观性和准确性，有时也能体现商务交往中的一种礼貌。

2. 长句的使用

长句的使用则是商务用途语言注重表达严谨性的一种表现。

3. 同形词汇重复多

同形词汇重复主要是为了加强话语的严谨性，避免任何误解或漏洞。

4. 句套的使用

多数商务文体的文本有自身特色的句套，译者平时必须注意观察和收集不同文本使用的句套，以做到译文符合各自文体的规范，并在一定程度上减轻翻译工作量。

（三）篇章特点

1. 程式化

"不论哪个类型的语篇，都在长期使用中形成了一个特定的模式，具有一种区别于其他语篇的组织结构"。李明指出，商务语言话语具有更加突出的程式化色彩；各种文体文本都严格按照自己的大纲结构和交际目的。这种轮廓结构具有风格化、规律性、重复性、习惯性和约定俗成的特点。对于从事商务活动和商务交流的人来说，遵守它是很常见的，并且方便他们理解各种类型的文本。

2. 同形词汇重复的衔接功能强

为了避免误解，尤其是代词使用可能带来的指代不明，商务英语中对文本中的一些重要词汇如名词性的词汇往往加以重复使用。同时，这些重复使用又增强了篇章的衔接。这种重复使用不仅表现在原文中，在译文中也有着几乎类似的情形，甚至由于汉语对代词使用的依赖更弱，在汉语的译文中会显得更加明显。

（四）商务文本的文体与翻译

商务文本有多种文体，我们在这里先选择性地简单介绍其中几种文体的特点与翻译，以说明文体对翻译的影响，未被选择之文体将在本书的其他章节分别介绍。

商务往来体现了礼貌，并注重相互尊重写作和翻译的原则。大多数具有法律意义的商务合同文本严格，单词更加正式，语法结构更加复杂，文本模式一致，并且文本的衔接方式不愿重复原始词汇或短语。商业广告是广告文字中的一种特殊文字，并且由于其创作具有明显的文学色彩，因此广告的翻译已被完全重写。也就是说，有时会将原始文本的字面意思与其他类型的文本进行比较。似乎无关紧要，字面意义更可能被丢弃，广告翻译力求行之有效。当通用翻译技术难以获得原始文本的效果时，通常会根据目标语言来重新创建原始文本。但是，无论是纯粹的创作还是其他翻译操作手段，都与目标语言受众的审美观有关。

简而言之，根据风格特征的不同，用于不同风格文本的翻译方法也应有所不同。对于文学和艺术广告材料，我们使用更多的免费翻译/国内翻译方法。对于严格而专业的公司法律和财务材料，我们使用更为直译/外语的翻译策略。中级和一般企业管理材料通常采用中间或替代途径。

但无论如何，将商务翻译做到"化境"的根本立脚点是从源语信息的发出者的角度思考，看他/她希望受众接收到什么信息，希望达到什么效果，而这些人，都是某一企业或事业的利益相关者。这就要求译者深刻体会这些利益相关者的立场及用意，然后，辨明翻译文本的文体特征，使用适当的翻译方法，做到使源语信息在目的语中得到最佳对等表达。

（五）商务翻译的特点

至此，根据商务人员的需求特点以及商务语言的特点，我们可以把商务翻译的特点大致归纳如下：

1. 目的性

明确翻译目的是取得任何翻译交际成功的前提，商务翻译概莫能外。如前所述，商务人员最大的需求就是经济利益最大化，经济利益最大化往往是商务人员的根本目的。为此，商务翻译必须为此根本目的服务，满足商务人员对交际载体的需求。

2. 时间性

时间就是金钱。这对商务人员来说表现得尤其重要，把握稍纵即逝的商业信息，是商务人员和企业的立身之本。因此，商务翻译往往会存在对译文产出的时间性要求，即快捷性要求。

3. 准确性

信息的准确性是商务人员对交际载体的根本需求。商务翻译必须提供准确且往往通顺的信息，不准确的翻译往往会带来不堪设想的后果。当然，在商务翻译中，广告翻译与其他文体翻译存在一些差异，由于广告语言具有文学性，有时会带来不可译性，从而使得广告翻译有时不得不依赖于重写，对原文意义不做过多考虑，只追求是否达到相似的效果。

4. 规范性即专业性

任何行业都有行业规范，商务活动除了具有特定的行为规范之外，在语言上同样具有特定的规范。翻译语言的标准化是翻译准确性的基本保证。

由此，我们认为，商务英语翻译人员的基本素质是必须具有促成商务交际成功的高超的双语语言和文化能力、扎实的翻译理论与实践知识，以及必备的专业知识；另外，还必须有与时俱进以及基本的商业服务道德意识。

（六）商务英语的语言特点

商务英语源自通用英语，它们结合了各种商务学科的专业知识。两者在基本词汇、句子模式和语法的使用上都有共同的特征。但是，由于商务英语所传达的商务理论和实用信息的特殊性，商务英语在专业词汇、句型特征、文本结构和表达方法等方面具有其自身的独特性。

1. 用词正式、严谨、准确

商务英语中的每一个字都是珍贵的，准确、清晰地表达要传达的信息是很有必要的。注意夸张、隐喻等的使用，避免使用歧义词，避免不必要的纠纷。除了广告语言，商务英语在词汇、正式词汇方面使用了大量的书面语言，力求准确。通常，具有相对简单含义的单词用于替换具有灵活含义的单词，以使样式正式、严谨和庄重。比方说，普通英语中的词汇 tax, be familiar with, buy, include 对应在商务英语中则用 tariff, acquaint, purchase, constitute。

2. 常用缩略词、外来词、古体词

英国语言学家里奇(Leech)在他的《英语词义分类理论》中指出,专业用词、古词和外来词都是正式样式,满足了商务英语样式对准确性和简洁性的要求。

(1)缩略词的使用。由于业务交互中对时间和省力原则的真正需求,随着业务交互的频繁发展,业务术语以常规缩写的形式大量出现,这在业界是众所周知的。简洁而全面的缩写可以避免冗长的解释,简化交易流程并提高工作效率。它们满足人们的要求,以节省时间并提高商务英语的使用效率,并且经常用于国际商务合同、协议、信函和文件中。如 YR TLX 28 TH RCVD(28 日来电收悉); VC(Venture Capital 风险投资); Reps(sales representatives 销售代表); Ads 广告; B/L(bill of lading 提单); blue chip 蓝筹股,绩优股; bad debt 呆账; NYSE(New York Security Exchange 纽约证券交易所); POD(Port of Destination 目的港); BR(bank rate 银行贴现率); wt(weight 重量); L/C 信用证; M/T(mail transfer 信汇); D/P(documents against payment 付款交单); C.O.D.(cash on delivery 货到付现); C.I.F.(cost, insurance and freight 到岸价); F.O.B.(free on board 离岸价); D/A(Documents Against Acceptance 承兑交单)等。由于常用缩略语在外贸函电中出现的频率很高,熟练掌握这些缩略语有利于我们更好地进行商务活动。

(2)外来词的使用。商务英语中使用的专业词和半专业词,尤其是专业词大多来自拉丁语、法语、希腊语等书面词或由所谓的"商务词"的合成或习惯用法组成的词,其含义相对稳定,有利于概念的准确表达。外来词的使用使商务英语文本更加正式、庄重和严肃。如来自法语的 force majeure(不可抗力);拉丁语的 ad valorem(从价税)等。

(3)古体词的使用。为了体现出法律公文的规范性和约束力,商务英语还使用了一些其他英语语体中很少或不再使用的古体词,常以 here, there, where 为词根,加上一个或几个介词构成的合成副词。一方面,此类词的使用证明了具有严肃风格特征的正式商务英语;另一方面,它的构成和使用灵活、简洁、准确、含义丰富、表达准确。它通常出现在商业合同、公司法、账单法、知识产权或产品责任法中,而其他法律文件通常是商务英语惯用语。

三、商务英语翻译的翻译标准

在翻译过程中，翻译人员必须遵循某些标准和原则。"保真度"和"同顺度"是两个最基本的要求。在实际工作中，只有结合好"保真度"和"同顺度"进行翻译，才能保证我们对目标语言质量的基本要求。除了"保真"和"同顺"外，在翻译中，目标语言的风格应与源语言一致，并应尽可能体现源语言的修辞。流利度和保真度作为翻译标准，必须是一个统一的整体，不能分开。

商务英语翻译与文学翻译不同。商务英语是一种用途广泛的专用英语，涉及多个领域，具有不同的风格，并且翻译标准也各有特点，难以统一。严复先生的"保真，表现力，优雅"和彼得·纽马克的交际翻译方法不能全部使用，但可以适当地用作参考。许多从事商务英语翻译的译者和学者对此表示了自己的看法。专家有不同的意见。正如王永泰先生所说："翻译标准不应详尽无遗，应基于不同的风格；如果以'忠实与优雅'来衡量，则应加以区别和突出重点。"刘方刚先生指出，我们商务英语翻译的实用标准应该是"保真，准确，一致"。我们相信，遵循"保真，准确，一致"和"流利"的原则，商务英语翻译无疑是适用的。

（一）忠实性

"诚实"的原则是遵循商务英语翻译的主要标准。所谓"保真度"是指翻译所传达的信息必须与原文一致，或者信息必须相同。商务英语翻译必须忠实于原始文本，实现信息的等同而不是相似，您不能随意使用它，也不能更改、歪曲或省略原始文本中表达的思想。"保真度"应该是原始文本的内容和样式效果，而不是原始文本的语言表示。

（二）准确性

"精确"标准是商务英语翻译的核心。"准确性"是关键。在信息转换过程中，翻译人员必须正确理解并选择单词。概念的表达必须准确，所引用的对象和名称必须正确，数量和单位必须准确，翻译中必须充分表达原始文本的语言信息，并且原始文本的含义不应该被误解。

（三）统一性

所谓"整合"是指必须在任何时候合并在商务英语翻译过程中使用的翻译名称、概念和术语，并且不能随意更改相同概念或术语的翻译。也就是说，词语的使用是规范的、符合约定的意思，翻译中的写作方式也符合商务文学的语言标准。集成标准导致商务英语翻译的集成和标准化。长期翻译实践中长期使用某些术语和专有名称，即使这些翻译的名称不符合标准，不够恰当，甚至有明显的错误，它们也已被人们认识并熟悉了多年，并长期成为人们的通用语言。尽管这些翻译名称不是标准化的，但是它们已经使用了很长时间，并且如果再次进行翻译，则会引起混乱，这将不利于翻译名称的稳定性和统一性。另外，为避免歧义，某些词需要以相同的方式翻译，尤其是合同的技术条款和关键字具有严格的法律含义，因此有必要彻底理解原始翻译的内容要求，并且在这种情况下，方式完整且准确传达合同文件的精神。

（四）通顺

从一种语言翻译成另一种语言后，翻译应流利、清晰且易于理解。翻译必须是标准化的，也就是说，词汇、短语、句子和语法必须符合语言和行业的一般规范和习惯，单词必须准确，并且单词不得晦涩、刻板或外来。

第三节　商务英语翻译的基础知识

翻译的最重要原则之一就是表达您的感受。源文本和目标文本使用两种不同的语言，它们在表达方式上有很大不同，并且每种都有自己的特征。因此，翻译时只能通过理解原文含义、理解作者的意图和作风来实现翻译，实现用两种不同语言表达的同一思想内容的效果。

一、商务英语翻译的基本步骤

了解商务翻译的过程，有助于我们循序渐进、科学地开展商务翻译工作。按照正确的步骤进行商务翻译，对培养翻译能力和提高翻译质量都有很大的益处。通常翻译的基本过程可以分为四个步骤：对原文进行分析，将源语翻译成目的语，重新调整译文，邀请读者代表。

对原文的分析是指对词语的指称和联想意义进行仔细的处理，研究句法和篇章结构，通过源语掌握原文的思想内容。理解原始文本是翻译的前提，也是商务翻译过程中的第一个也是最重要的阶段。大多数翻译错误都在此阶段发生，因为没有正确的理解就没有正确的翻译。商务翻译实践中的随机翻译或无效翻译通常是由于对原始文本的不完全理解。如果译者对原文的意思有很好的理解，并能熟练地处理译入语，那么翻译就是一个非常自然和熟练的过程。

具体来说，译者必须先阅读要翻译的全文，了解其专业范围和内容的大意。有时候也需要查阅相关资料，或者到现场去看看，这样才能熟悉相关专业知识，才能理解原文，只需动笔就可以翻译，只有这样才不会出现失误。在理解原文的时候，一定要按照源语的语法规则和习惯去理解，并要求我们"钻"下去，把原文的内容彻底弄清楚。对原始文本的理解必须包括词汇、语法和专业内容，这三个方面是相互联系且相互影响的。只有充分理解这三个方面，才能做出准确的陈述。因此，在理解原始文本时，不应孤立地对其进行分析，而应对其进行分析。也就是说，对原始文本的理解必须基于整体，您不能孤立地看一个单词一个句子，必须与上下文相匹配，并与专业内容相匹配。分析词汇和语法，以充分理解原文的内容和逻辑关系。

在翻译过程中，从源语思维向目的语思维的转变是关键的一步。此时，将原文的内容"一步到位"转化为目的语，越清晰越好。可以重建目标语言的词汇、语法和文本特征，以使读者能够完全理解目标语言。此阶段的任务是选择一种合适的目标语言表达，并重复已经理解的原始内容。如果您必须"进入"理解阶段以理解原始文本的内容，那么您必须在表达阶段"退出"，而不受原始形式的限制，而是根据语法规则和习惯来表达自己语言达到商务翻译的水平不仅取决于理解的深度，还取决于目标语言的命令。因此，正确的理解并不一定意味着正确的表达。在演示阶段，最重要的是表达式的选择，即"跳转"方法。这是商务翻译技能的问题，翻译的创造力就体现在这里。在正确理解原文的基础上，同样的句子可以用几种不同的方式翻译，但是翻译的质量是不一样的。

对于优秀的翻译人员来说，整个过程几乎都是自动的，就像他们说母语一样。尽管可以单独讨论上述基本过程，但是如果您认为翻译员严格按照三个步骤操作，那将是一个很大的错误。优秀的翻译人员会在不知不觉中同时执行这三个步骤。他们无须考虑如何将主动动词转变为被动动词并将名词化动词转变为从句。当指代特定的人时，您无须考虑是否需要将名词转换为人称代词。如果译者常常不知道如何整理译文，他就没有必要的使用目的语的能力，就不能承担翻译任务。

  实际上，译者的理解和表达不是立即完成的，而是逐渐加深的，最终实现了对原始作品所反映的客观现实的完全理解和准确表达。因此，翻译过程还应包括翻译的校对，这对于商务翻译尤为重要，因为它要求术语和数字等高度精确，粗心的话语可能会导致重大错误。

  要做到这一点，译者首先应该检查译文的拼写、标点和格式。另外，翻译的内容和风格要分开检查。翻译时要仔细检查译文的内容，特别注意译文的准确性和连贯性，对初稿进行删减，并对照原文内容进行进一步检查。检查时，特别要注意关键概念在翻译上的一致性，使译文节奏流畅，并从文体上检查译文，使之合乎译入语规范，这一步骤应该反复进行多次。

  为了有效地检测译文，您可以邀请多个读者代表阅读译文并仔细分析读者的面部表情。此外，您还可以要求听过口译员的人将内容告知未听过口译员的人，或填写空白。对于特定操作，请一些目标语言水平较高的人为某些人（包括翻译人员）多次阅读翻译。译者阅读译文时，首先可以仔细观察他人的表情，尤其是眼睛的表情。因为表情和眼睛可以反映您对翻译内容和形式的理解水平，例如，如果读者认为翻译太难朗读，阅读不正确，译者可以一面看稿子，一面标记别人读得不顺口、停顿不当、读错、重复及语调把握不定的地方。倘若发现两个人或更多的人在同一个地方出现问题，那就需要仔细修改译文了。尽管这种检测方法没有告诉翻译者如何修改翻译，但是它可以帮助翻译者识别需要修改的区域。

  除了以上方法外，还可以请听过翻译的人大声朗读给没听过的人。倘若有两个人或更多的人犯理解上的错误，那就需要修改译文，除非原文故意做了模糊处理。而进行填空检测的，可以在每四个词后面留一处空，请人根据上下文要求填入恰当的词，再测出在至少五十个空格里能够填对的词语数量，这项数据能有效地测定译文的可读性和可理解的程度。为了节省时间，您也可以每九个字留一个空格，让别人阅读译文，然后数一数读者填错了多少字，然后改正。

当然，与上述方法相比，听取有经验的译者或业内专家的意见可能更好。因为前者知晓翻译的基本原则，懂得语言艺术；后者对本行业了如指掌。

总之，透彻的理解是准确表达的前提，通过表达才能达到更透彻的理解。这就是理解与表达的辩证关系。理解和表达的统一过程是翻译的整个过程。

此外，由于商务翻译的特殊性，译者往往被要求尽快脱稿。经验丰富的译者通常会把几个翻译的步骤合并在一起。但是，我们应该先写出符合文体要求的译文，然后根据译文的准确性和连贯性进行校对，不要逐字翻译。

有时候，因为时间紧迫，可能要求开展小组翻译。在这种情况下，通常由一名译者负责初稿，然后由另一名或多名译者负责修改，或者由每个成员负责翻译不同的部分，然后阅读对方的译文并提出意见，讨论不同的观点，统一意见。翻译团队通常都有经验丰富的领导者。如有特殊问题，可直接咨询。不管是个人承担翻译工作，还是由小组共同合作，商务翻译者必须拥有大量的词典、百科全书和完备的词库。即使没有在做翻译工作时，也应该经常翻阅、查阅，为以后的翻译工作做更好的准备。

二、译者应具备的能力

（一）扎实的英汉语言功底

虽然商务英语翻译不像文艺作品翻译一样讲求文采、韵味、修辞等，但要使得译文忠实、准确、专业地反映原文主旨和内容，又能通顺地表达出来，没有扎实的英语和汉语语言功底是不行的。在英汉翻译过程中，如果原文理解不准确，则英语译文必然会发生问题；如果只是理解清晰，而汉语表述不准确或不清晰，同样难以完成翻译任务。所以译者不但要努力学习英语，也要加强对汉语的学习。

（二）丰富的商务专业知识储备

商务交往涉及的商务活动多种多样，包括日常事务中的电话预约、接回电话、备忘录、商业信函、下订单、接待客户、个人介绍、谈判、会议、业务陈述、数据处理、技术、财务、营销、销售、雇佣惯例等。这就要求翻译人员具有丰富的业务经验，熟悉各个领域的通用术语，掌握商务英语的特征，并遵循准确、严格、标准化和统一的翻译原则。

（三）双语文化能力

正如尤金·奈达（Eugene Nida）指出的那样，"翻译是两种文化之间的交流。要真正成功地进行翻译，熟悉两种文化比掌握它们更重要。"文化对于翻译来说，常常是高于语言自身层面的，商务英语翻译也不例外。注重英汉两种文化的差异，才能确保商务活动的顺利进行和商务目的的有效达成。译者要熟悉中西文化差异以及其在词汇意义与形式、句法组织、语篇组织模式、修辞方式上的体现，并掌握处理文化差异的宏观与微观策略。

（四）跨文化知识储备

语际翻译中，译者的文化背景影响对原文的理解，制约译文的重构。国际商务交流的表层是贸易往来，深层是文化交流。商务英语翻译要求译者对两个国家的历史、文化有较全面、深刻的把握。只有这样，译者才能够立足于原文语境，准确把握文化内涵意义，深入理解原作，翻译出忠实于原文的译文。

不同的民族、不同的历史和不同的文化，不同的语言具有不同的表达习惯和个性化的词汇系统。如，英汉语的称谓文化差异明显。汉语称谓体系讲究辈分，重性别，区分血缘关系，而英语则相反，强调平等，指称宽泛。古汉语常用"敝人、在下、足下"，而对对方则尊称"贵方、尊驾、阁下"等用语，现在仍有"您"这样的尊称，港台地区甚至仍沿用古雅尊称；而英语在称谓语上除了少数皇室贵族外，是没有地位之分的，在商务场合尤其不加以区分。

第四节 商务英语翻译研究的现状

现在，随着我国改革开放的深入展开，特别是在进入21世纪，我国加入WTO之后，我国已成为世界第二大经济体，外汇储备世界第一，国内生产总值（GDP）世界第二，进出口总额世界第一。在这一进程中，商务外语能力成为国家发展不可或缺的核心竞争力之一，商务外语遇到了难得的发展机遇期，而商务翻译则在其中发挥了重要的作用。各类经贸文件和商用材料的翻译与日俱增，商务翻译在整个翻译产业链中的比重大大提高，各种材料、广告等的翻译层出不穷，对商务英语研究的文章也不断涌现。研究商务英语翻译主要有四个视角：一是翻译实践交流；二是评论性翻译研究；三是对翻译过程的研究；四是从社会文化角度展开商务翻译研究。商务翻译不仅涉及语言问题，更涉及经济问题和利益。

总的来说，我国国际商务英语翻译的现状是好的。国际商务翻译对于促进国际商务的发展，树立中国及其公司、企业和产品在国外的形象具有重要作用。随着时代的变化，翻译不再只是一种非常个人化的行为或活动。随着电脑、互联网、翻译软件等科技新成就的不断涌现，一项翻译工作，特别是商务翻译工作，有可能需要好几个人甚至一群人一起借助互联网，借助翻译软件才能完成。就像谢天振所言，我们今天的翻译已经从"书房"进入了"作坊"了。根据美国权威机构对全球翻译市场的调查，2005年全球翻译市场规模达到223亿美元，中国翻译市场规模达到200亿元，发展空间很大。相对而言，发达国家和地区在翻译服务贸易中拥有绝对优势，其优势来源于四个方面：服务业的整体发达、成熟的行业管理经验、高科技的配合和开放的金融体系。基于这些优势，发达国家出口高附加值的语言服务，而发展中国家和地区并不缺乏翻译人才。然而，在质量管理、科技手段、外币兑换结算等方面往往存在一些问题。

一般来说，在我国，从事国际商务翻译的人员主要有公司企业专职翻译、公司企业兼职翻译、翻译公司翻译和社会各界业余翻译、高校教师等，以及研究生、大学生、国内外院校人员等。相对而言，我国的商务翻译与国外的商务翻译还存在些许差距。

从专业发展上看，商务英语人才培养在我国尽管已有大半个世纪的历史，但商务英语专业2007年才获教育部批准设立，作为目录对外开始招生。2011年，教育部修订本科专业目录，正式将商务英语收入基本目录。目前我国已有540多所高校设立了商务英语专业或方向，在校商务英语本科生达到20多万。许多高校设有商务英语专业硕士点，对外经济贸易大学等还招收商务英语研究专业和商务翻译研究专业博士。商务英语专业主要学习商务语言的理论与应用，如专门用途英语理论与实践、商务语篇分析、法律语言、财经英语、财经新闻英语、电子商务英语、语言经济学、商务外语教育、外语产业经济、商务英语写作等，以及商务英语测试、商务英语词典编纂、计算机辅助商务外语教学等。商业翻译专业主要研究商业翻译的理论和实践，例如商业口译，商业翻译理论，古典商业翻译、WTO法律文件翻译、古典中国文化翻译、翻译公司、项目管理等。截止到2011年，全国共有32所高校开办了商务英语本科专业。但它们培养的人才的质量仍旧参差不齐，从国际商务翻译研究的现状看，仍然存在很多问题。

一、翻译不规范

除了译者水平不高之外，缺乏专业精神或翻译技巧也是原因之一。此外，在翻译标准上翻译人员没有达成共识，翻译时我行我素，其结果就出现翻译上的不统一。

二、翻译人员素质不甚理想

合格的商务翻译人员不仅应具有扎实的语言基础，还应熟悉相关专业或行业。例如，翻译合同、投标书和其他具有法律意义的文件，必须了解法律，熟悉与法律法规有关的术语、成语和固定句型。否则，就不可能很好地翻译合同和标书。尽管在我国大力发展MTI的前提下，我国的商务翻译有不少起色，但和现实的差距还是比较明显。

三、语言与技术的合成和服务管理存在问题

为了节省开支，一些公司和企业雇用了一些低水平的专业翻译。结果，企业和公司的形象大打折扣。更有甚者，直接用翻译软件进行机器翻译，翻译出来的效果让人啼笑皆非，更谈不上通过服务管理让翻译的材料实现增值。翻译的质量和监控需设立相应的机构进行规范和管理。

四、商务翻译研究存在重复劳动现象

商务翻译研究存在重复劳动现象，不够深入，不精，不成体系，需在理论提升上寻找突破口。从查询的资料看来，商务翻译除应用性的翻译资料、文档等之外，对翻译研究主要集中在广告、商标研究，语料陈旧，存在较明显的重

复现象，缺乏新意和创造性。此外，对国外保险、运输、国际金融和 WTO 文件的翻译研究较少，理论应用不够深入。一些关于商务翻译的研究，如语料库、商务英语翻译、WTO 或国际公约文件中难、怪长句的翻译策略等，目前还很缺乏，甚至是空白。

第三章　商务英语的跨文化翻译

第一节　商务活动与跨文化交际

一、商务活动

（一）商务活动的定义

商务活动是指人们或公司为了获得一定的经济利益而进行的一系列经济活动，例如管理、营销和财务。商务活动具有自己的特点。一是目的性。商务活动的目的就是通过商品或服务的交换获得利益。二是程序性。作为一项基本的人类活动，商务活动已经形成了一套活动程序。例如，国际贸易这种商务活动从市场调研开始，寻找贸易伙伴，通过询盘、还盘、讨价还价、签订合同、商品检验、储运报关、保险、制单结汇，完成交易，具有很强的流程性。

但说到商务活动，一般的理解似乎就是做买卖，你买我卖，凭质论价，双方得益，就是那么简单。其实，商务活动的全过程反映了一个国家与民族的文化传统和世界观、民族观，而其中的核心是该文化传统所特有的价值观念与行为准则。在商业活动中，从商标和广告到谈判和决策方法的所有内容都反映了每个国家独特的文化足迹。

（二）商务活动中的文化差异

伴随着经济全球化的进一步发展，国与国之间的商务活动日益频繁，在这个过程中，不同的文化在异质的、陌生的、复杂的交际环境中交汇。各国文化的差异必将会导致商务交际中行为准则、词汇内涵、思维方式和语篇组织等方面均有很大程度的不同。如果从事同一商务活动的商务人士不了解彼此的文化差异,而是按照本国的文化价值观做出判断,这样往往会影响双方的沟通,导致双方交际失误。

1. 中西方价值观对商务活动的影响

(1)对国家企业管理的影响是以英美为代表的西方人特别尊重个人主义,这种个人主义源于西方资本主义制度下生产资料和财产私有制的观念。在西方人看来,个人主义是指个人利益至上,一切价值观、权利和责任源于个人的信念。它强调个人的主动性、独立性、个人意志的表达和隐私。在美国,可以说是个人主义支配着、引领着美国文化。相应地,在西方企业管理中,企业鼓励员工个人奋斗,不断创新,并经常开展有关员工之间的个人竞争的活动,以促进个人的发展。在企业中个人能力主要是通过个人的实际经营业绩表现出来的,并且以契约的形式把企业与员工联系起来,将个人能力与企业报酬和补偿结合为一体。

在中国,几千年来,中国的思想文化,特别是儒、道、佛,始终强调"和为贵"的传统,尊重"天人合一",注重人伦亲情,团结友爱,这也是中国人重视和依靠家庭、群体和社会力量的重要原因之一。这种群体价值观相应地反映在企业管理中表现为公平、均富和稳定。员工以和谐为原则,讲求团队合作,反对彼此倾轧。员工对组织较容易形成感情依赖,有助于建立员工和管理者之间的和谐关系。

(2)对企业管理者决策方式的影响。美国传统文化重视自我价值,忽视集体的价值。表现在企业决策中,美国企业注重尽快找出答案,把决策的制定和执行看作是完全分离的两个过程。所以他们在决策中比较注重自己个人的意志,因此主观性比较强。决策制定出来以后还须说服企业员工接受和执行。而中国由于受"和为贵"思想的影响,中国的管理者通常注重群众意识,强调群体决策,这种民主集中的决策风格,使管理决策往往是议而不决,强调共识。另外,中国企业文化中有着浓厚的传统文化色彩,表现为"七重七轻":重道德,轻利益;重社会,轻个人;重传统,轻创新;重秩序,轻民主;重人治,轻法治;重关系,轻契约;重意志,轻实效。比如电力企业由于其自然垄断性,计划经济时期是"皇帝女儿不愁嫁",企业的决策只是如何按政府的要求分配电力供给，根本不担心市场。

（3）对国际商务谈判的影响。谈判中，中国人喜欢先就双边关系的一般原则达成协议，再谈细节，把今后谈判要解决的具体问题安排好，即"先谈原则，后谈细节"。而西方人如美国人则往往是"先谈细节，避免讨论原则"。西方人认为细节是问题的本质，细节不清楚，问题实际上就没有得到解决。所以，他们比较愿意在细节上多动脑筋，对于原则性的讨论比较松懈。由于中西方对谈判原则的重视程度不同，常常导致中西方交流中的困难。

不同的文化背景也会影响谈判冲突的解决方式。在西方文化中，离散型的文化主导决定了人的自治、自由，个人界域对于人的自尊感具有至高无上的重要意义。所以美国人解决商务谈判中的冲突时，更注意客观真实的问题本身，更多依靠法律和规则。而属聚合型的中国文化一向崇尚"和谐"，解决商谈中的冲突时，更多关注人际关系的、情感的因素，大都依靠第三方来化解。

2. 中西方语境对商务活动的影响

人类学家霍尔根据传播所传达的含义是来自交流还是来自交换语言，将文化划分为高低语境。霍尔的分类所使用的假设是，文化的功能之一是在人类与外界之间建立一个非常有选择性的障碍。通过此屏幕的各种形式，文化决定了我们关注和忽略的内容。因此，研究高情境文化和低情境文化不仅可以帮助我们认识人们注意到的内容，还可以帮助我们认识人们所错过的内容。

高上下文通信或信息（HC）意味着大多数信息已经被反映出来，只有很少的信息以编码形式清晰地传达。低上下文通信（LC）则相反：大多数信息是通过外部语言进行通信的。霍尔认为，中国文化是一种高语境的交流方式，人们的经验具有高度的同质性。交际的意义不一定包含在语篇中。可以通过手势、空间使用或静音来提供信息。具有高语境的文化对事物和周围环境更加敏感，并且可以在没有语言的情况下传达情感。在高度上下文环境中，您可以通过环境获取大量信息，更不用说所有内容了。美国文化属于上下文交流的较低级别。人们几乎没有同质性，这转化为人际交流形式的差异。缺乏一般经验意味着您每次与他人交流时都需要详细的背景信息。在低语境的文化中，语言传达了大多数信息，而语境和参与者则包含的信息很少。

中西方语境方面的差异渗透到双方商务活动的各个方面。中西文化语境差异渗透在商务谈判的各个方面。例如，美国人在谈判时往往迅速把谈判引向实质阶段，并且喜欢一个事实接一个事实地讨论，条理性很强。他们不喜欢也不善于在谈判桌上打持久战和疲劳战，常常是说行就行，说不行就不行，比较干脆、利索。讲话也较为明快，客套话说得不多，对谈判对手的直言快语，不仅不反感，而且还很欣赏。受曲线思维方式的影响，中国人从整体到局部，从大到小，从一般到具体，把一切反映在谈判桌上，进而成为务实解决问题的过程。他们喜欢表达自己的观点和意见，最后或以非常含蓄的方式结束谈判。

二、商务活动中的跨文化交际

（一）跨文化差异

1. 言语交际

在国际商务交往过程中，信息主要是通过言语交际的。但任何言语都是一定文化中的言语，由于语言文化的差异而造成国际商务交往中的误解或失败的情况非常普遍。例如，品牌翻译本身也是一种多元文化的交流活动。任何品牌译者都应熟悉目的语国家的文化，避免因文化冲突对企业造成不良影响。翻译人名、商品名时，可能会因不了解其隐含意义而出现不良结果。如"凤凰"在汉民族看来是"富贵吉祥"的神鸟，而在英美人看来是"再生"的象征。"凤凰"牌自行车在中国市场备受喜爱，而在英美等国却不受欢迎，因为骑上"凤凰"牌自行车意味着"死里逃生"。另一个例子是，"羊"象征着中国文化中的吉祥。我国的广州市又称"羊城"，这是源于一个美好的传说。在古代有五个仙女骑着五只"羊"为当地人民送来了五种谷物，并为当地的农作物带来了祝福，从此广州便又叫"五羊城"。广州生产的不少工业品均被命名为"五羊牌"，由于英汉语中"羊"的国俗文化意蕴不同，英语中经常把"五羊牌"翻译为 Five Rams，这种翻译效果并不令人满意。因为 ram 一词在英语中指未阉割的公羊，也含有"撞击、猛撞、压迫"等意义，它常常给人以"横冲直撞"的联想。试想一下，如果作为一个品牌的名字用"Five Rams"显然是不合适的，更加不会受到消费者的欢迎。

2. 非言语交际

在人类交流中，还有另一种非语言交流，包括眼神交流、手势、身体形态、微笑、面部表情、衣着、沉默、身体接触、说话者之间的距离、语音量和时间。在不同的文化中，概念、空间的使用、颜色、光线、音乐等是不同的。人与人之间的交流沟通，不仅仅依赖于语言，还大量地依赖于非言语符号。

一些学者认为，在与人的直接交流中，30%的信息是通过语言传递的，70%的信息是基于非语言的手段，而有些学者则认为90%的信息来自非语言的交流。无论这些统计信息的准确性如何，我们都可以看到非语言交流的重要作用。

非言语交际可用于伴随言语信息，也可独立于言语使用。它们可以确认、强调或反对语言所表达的信息。由于它们是一些习惯性的和常规性的行为，非言语交际行为常常被无意识地使用。例如，在美国经常使用的大拇指和食指交叉成圈、其他手指伸展的"OK"的手势，在日本人和朝鲜人的眼中看到的却是"钱"，而阿拉伯人辅之以咬牙的动作则表示深恶痛绝，在墨西哥和德国则含有猥亵之意，在突尼斯则传递的是恐怖的信息——"我宰了你！"又如，美国人常常弯曲摇动自己的食指以招呼别人到自己的面前，中国人使用这个手势不是叫人而是呼唤狗等动物。所以，当美国人向中国人打上这个手势的时候，后者会感到受辱而不快。

非言语交际，有其自有的特征和特点。第一，非语言交流的规则和模式没有固定的结构并且相对模糊，因此正确理解这些规则和模式通常需要进行广泛的分析。如哭泣，有表达悲伤的哭泣和与之相反的喜极而泣。第二，非语言交流本身的含义尚不清楚。第三，非言语交际信息传递的过程是不间断的、持续的。第四，一部分非言语交际的表达是通过先天遗传的，另一部分是后天习得的。

3. 风俗习惯

风俗习惯是人们在生产、生活中长期形成的共同的、固定的、世代相袭而成的一种行为倾向和社会风尚，包括礼节、习俗、惯例、行为规范和人们的禁忌、避讳、偏好等，主要体现在人们的饮食、服饰、居住、婚丧、道德伦理、敬祖、年节、民族吉祥物、娱乐等的行为方式和生活习惯等方面。风俗习惯不具有强制效力，但仍在很大范围内制约着消费者的消费偏好与消费行为。无视风俗习惯的跨文化广告肯定不会成功。

例如，一位著名的美国设计师曾试图在拉丁美洲推出一种新的香水。广告内容强调该香水清新的山茶气味。可是该香水在拉丁美洲却销售不畅，因为山茶花在拉丁美洲被用于葬礼。再如，美国人以古铜色皮肤为美，而日本和中国的女性则以白皙的皮肤为最爱，此时如果不了解风俗差异把美国本土适用的广告拿到中国播放，则可能弄巧成拙。

4. 时间

时间是一个人造的概念，它是相对的。根据霍尔的分析，对时间的态度可以分为单色时间视图（M时间）和彩色时间视图（P时间）。第一种是指严格监控计划，并且仅监视指定时间内的计划；后者意味着您可以在执行计划中的事情时执行其他操作。西方大多数国家属于单色时间文化，他们认为时间是一种有限的资源，时间在日常生活中起着关键作用。为了充分利用有限的时间，应计划好所有业务活动的各个环节，并应准时遵守时间表、期限、谈判、约会等。中国属于多色时间文化，中国人的守时观念并不强。

另外，在西方，提前完工被认为是偷工减料或是计划性不强，而在中国提前完成工作，被认为是效率高，是一种应该受到表扬的行为。例如黄河小浪底的一项外包工程，中国的工程师和工人拼命奋战，提前完工，而德国经理却坚持认为这是偷工减料，致使工程全部返工，造成近亿元人民币的巨大损失。

5. 法律制度

法律制度是各国加强广告监管的重要手段，也具有明显的地域风格和民族特色。广告的表现方式和策略必须服从国家的法律法规，这是法律的强制性结果。以广告产品类型为例，欧洲国家禁止播放涉及宗教、烟草、白酒和慈善事业的广告，而中国广告中推广酒类消费品是合法的。在许多欧美国家，在广告中借用国旗和国徽是一种时尚。然而，在许多亚洲国家，在广告中使用国旗和国徽是违法的。

（二）跨文化商务交际

经济全球化的发展要求全球所有公司或公司集团打破地域限制，并开展跨文化商业活动，即跨文化商业管理。跨文化经营管理的核心是跨文化管理，又称为交叉文化管理，是指在跨文化条件下如何克服异质文化的冲突，并据以创造出企业独特的文化，进行卓有成效的管理过程。跨文化企业的经营管理主要涉及跨文化市场营销，展会策划与文化传递，广告发布与文化冲突，客户开发与文化适应，跨文化谈判，涉外合同的订立、执行、善后和翻译，跨文化商务交际冲突管理，跨文化商务团队管理与建设等方面。总之，经济生活中的跨文化交际与日俱增。

跨文化企业的经营管理过程，既表现为不同文化间的冲突或离散过程，又表现为不同文化间的交汇或融合。所谓"文化冲突"，是指不同文化形式或文化要素之间的对立和相互排斥的过程。所谓"文化融合"，是指不同文化形式或其变化因素之间的融合、相互吸收的过程。文化冲突和文化融合作为文化交汇的两个方面有着不可分割的关系，在两种文化交汇的过程中总是共存其中、相伴而行。

（三）影响跨文化商务交际的主要因素

文化差异是跨文化交流的关键。影响跨文化商务交际的主要因素是来自不同文化背景的感知、成见、种族中心主义、缺乏共感等。

1. 感知

感知是对感觉到的事物的解释和再认识，它包括物理的、生理的、神经的、感官的、认知的和感情的成分。知觉不仅受文化影响，而且反映出文化特征。文化是认知差异的原因之一。而选择什么内容感知、如何解释、认识评价等，又都反映着不同文化。萨姆瓦等人认为，有五大社会文化因素对知觉的意义有直接而重大的影响，即信仰、价值观、心理系统、世界观和社会组织。信仰分为经验性的信仰、信息性的信仰和推理性的信仰三种，其中信息性的信仰由于是由我们所信赖的某种外部信息源提供的信息所形成的，所受的文化影响较大。价值观的不同，是跨文化企业管理所遇到的最难解决的问题之一，也是造成文化冲突的根源之一。心态是建立在可得的信仰和价值观基础上的，深受文化环境的影响。世界观是指一种文化对于诸如上帝、人、自然、宇宙以及其他与存在概念有关的哲学问题的取向。世界观对文化产生极其深刻的影响。它以各种微妙而常常并不显然的方式在跨文化商务交际中发挥强大的影响。社会组织中与跨文化商务交际密切联系的有地理性文化和角色文化两种,前者指有地理界域所限定的国家、部落、种姓和宗教派别;后者指人们在交际中根据其社会地位所特有的特定行为举止的具体规范。

2. 成见

成见涉及对不同个人组成的群体的信仰,这些信仰基于先前形成的看法、观念和态度。成见在跨文化商务交际的背景中是十分常见的现象。成见作为头脑中的图像,常常是僵化的、难以改变的,对于成功地进行跨文化商务交际是无益的。

3. 种族中心主义

种族中心主义将从自身文化发展出来的价值和理论应用于其他团体和人群;种族中心主义意味着偏见或曲解。其以意识判定群体优劣,再以群体优劣意识判定个人特性。由于种族中心主义通常是无意可得的,并且总是在有意识的层面反映出来,它使跨文化商务交际的过程遭到破坏。

4. 缺乏共感

同理心是指将自己置于他人手中并体验他人的痛苦和经历,从而引起情感共鸣的能力。商务交际过程中缺乏共感的主要原因是人们经常站在自己的立场而不是他人的立场上去理解、认识和评价事物。在跨文化商务交际中,如果不了解他国的文化,就很容易误解他人的行为,造成沟通障碍。

(四)消除跨文化商务交际障碍的途径

任何一个国家的文化都有其优秀的、独特的一面,文化对跨文化商务交际的影响涉及营销、组织、激励、人员选拔、团队管理与建设等各个方面。如何对待跨国文化,是决定企业在经营管理中能否取得成功的关键。由于文化冲突是文化差异造成的,所以消除跨文化商务冲突的最佳方案是促进文化的融合。具体做法如下:

1. 识别不同文化的差异,各取所长,为我所用

企业在跨国经营时,一方面要考虑投入产出的经济效益,即在生产过程中尽可能选择最廉价的资源,获得尽可能大的产出;另一方面又要以满足世界需

求为目标,这就要求企业对当地的文化(如风俗、价值观、消费观念、语言等)进行详细的调查和分析,这样才能适销对路,创造适合当地文化背景的市场需求。

2. 实施多元文化相容策略

在跨国公司的子公司中并不以母国的文化作为子公司的主体文化。尽管本国的文化和附属公司的文化影响很大,但存在着一些文化差异,这些差异不是相互排斥的,而是相辅相成的。跨文化主义的优势:一种文化的存在可以充分地弥补另外一种文化的许多不足及其比较单调的单一性。美国麦当劳和肯德基公司在中国经营的巨大成功可谓是运用跨文化优势、实现跨文化管理成功的典范。

3. 提高跨文化商务人员的跨文化商务沟通技能和技巧

首先,我们必须了解文化,不仅要了解其他文化,还要了解我们自己的文化。只有在既对母公司的企业文化,又对国外文化进行详细了解的情况下,才能比较它们的异同,从而为进行跨文化管理提供参照系。其次,善于"文化移情"。即母公司管理者必须在某种程度上摆脱自身的本土文化,克服"心理投射的认知类同",摆脱原来自身文化的约束,从另一个不同的参照系(他文化)反观原来的文化,同时又能够对他文化立足于一种较为超然的立场,而不是盲目地落到另一种文化俗套中。

第二节 文化全球化和跨文化翻译

一、文化全球化

(一)全球化

全球化是当今世界的客观趋势和历史趋势,是一种复杂的社会现象和客观现实,呈现出许多变化和新特征。"全球化"在20世纪80年代首次被经济学家提尔德·莱维特所使用,但到80年代末90年代初才逐渐成为人们在学术研究和日常生活中使用频率很高的一个概念和关注的焦点。

关于全球化的概念,可以从内涵和外延两个方面来理解。从内涵上讲,全球化特指经济的全球化,"经济全球化是指商品、服务、生产要素与信息的跨国界流动的规模与形式不断增加,通过国际分工,在世界市场范围内提供资源配置的效率,从而使各国间经济相互依赖程度日益加深的趋势。"

不可否认,全球化是一种客观存在,不取决于人们的意志。这是当今世界最重要的发展趋势。其覆盖面广、渗透力强、影响深是前所未有的。在科技方面,混沌理论、孤子理论和分形理论在自然科学领域成为非线性科学的三大前沿理论;经济全球化和文化多元化则并驾齐驱成为经济和文化的世界潮流。随着全球网络化的普及,世界各国、各民族的交往达到空前绝后的频繁。因此,可以说,在日新月异的科技革命浪潮的强大推动下,这种快速发展给国际经济、政治、文化生活带来了巨大影响。它正在超越国家和民族的藩篱,把世界各国和地区联系得越来越紧密,使国际经济技术联系更加紧密,政治交往更加频繁,文化交融更加深入。

(二)文化的全球化

文化全球化意味着不同民族的文化通过交流、融合、相互渗透和互补,不断突破自身地区和模式的局限,不断克服自己的民族文化边界并获得认同而进入世界、国家。人类的判断和选择,不断地将自己文化区域的资源转变为人类共享的世界共同资源。文化孤立的消失,多元文化主义的相互依存和发展,民族文化的特殊性与世界文化的普遍性的共存,构成了文化全球化的有机内容。

1. 全球化进程中的文化多元化与文化冲击

(1)民族多样性与文化多元化。全球化必然包括人类文化的全球化,但文化的全球化绝不意味着只有一种文化独霸天下,而是各种民族文化在一个统一的全球平台上互动并存、相互影响、相互制约、相互促进,形成一个整体的地球文化花园,多元一体是对这种状况的最好描述。

世界各地因地理环境、自然条件、气候状况、历史背景、社会发展、生活方式、生产模式、经济基础以及科技水平的差异,孕育了不同的种族和民族,磨砺出各具特征的民族个性,催生了截然迥异的文化传统,使世界的文化呈现多样性。不同的国家和地区、不同的种族和民族拥有不同的文化。以美国为例,它是世界上种族与民族构成最为复杂的国家之一,约有125个民族,其民族之多、民族间差异之大恐怕是世界之最。在美国众多的民族中，除了作为人口主体、占全国人口总数67%的白人以外，其他都是少数民族，有拉美裔、黑人、亚裔等。由于这些民族成员来自相距遥远、情况迥异的国家和地区，拥有迥异的文化传统，因而在以白人为主导的美国主流文化的环境里仍保留着内容不同、形态各异的次生文化。例如，华裔美国人除了要庆祝白人的圣诞节以外，仍然要过自己传统的春节。这些都展示了当今世界的多元化文化。人们在长期的生活中形成了各自不同的但却相对固定的风俗习惯、交往方式、行为准则，而这些体现不同文化差异的特定模式不是以个人为代表，而是以一个民族或地区社团为代表，其范围之大，囊括了思维方式、心理结构、世界观、价值观念、社会规范、伦理道德、社交准则、生活方式等诸多方面。

（2）文化冲击与文化冲突。所谓文化冲击，又叫文化震惊，是指巨大的文化差异及其引起的不适应所导致的文化失落和心理失衡现象。这种现象迄今已经引发了大量的民族误解和文化交际失误，甚至引发激烈的冲突，从而妨碍了更深层次、更高水平的相互交流。所谓文化冲突，是指文化差异导致的文化价值观上的尖锐矛盾和强烈对抗。它往往是不同国家、民族之间的巨大文化差异所造成的文化冲击发展到极致的结果。

实际上，经济全球化与文化全球化之间的关系并不是简单的必然对应。经济全球化的迅速发展并不意味着各种民族文化的自动融合。当然，经济全球化对促进多种民族文化的融合具有影响。文化，它是巨大的，但它不能也不能够消除不同文化之间的差异和个性，相反，它将在某些方面加强和加剧差异。但是，由于不同民族的文化进程和社会发展水平的差异，它们之间的利益差异并未消除。全球化条件下仍然存在着民族国家间全面的竞争关系，再加上国际政治经济秩序和国际关系准则的不公正不合理以及各国之间贫富差距的现实存在，使人们在形成全球共识的同时，也必然对本民族的历史文化传统表现出天然的好感和认同，全球化进程并不必然会消除民族文化的差异性和多样性。所以，如果我们不了解这些文化差异，不了解造成文化差异的内在原因、现状、意义以及未来发展趋势，就势必会妨碍不同民族、不同文化之间的有效沟通与密切交往，就会不利于人类社会的共同繁荣与和谐发展。

2. 全球化进程的文化统一性

众所周知,在近代之前,不同人类文化之间的关系不具有全球现实的特征,许多基本上处于自锁状态。分属不同文明区域的人们之间在这个阶段尽管也有一些交往和联系,但这种交往和联系还没有成为主要的历史内容,人们之间的相互依存度还比较低,人们并没有明确的全球意识,人类文化的统一性还没有出现。

近代以来,随着西方资本主义的发展和世界市场的拓展,世界一体化或全球化的趋势越来越强,速度越来越快,程度越来越深。尤其是20世纪以来,由于生产力的发展,资本和市场经济的逻辑使全球生活发生了深刻变化,资本主义生产方式和市场经济成为全球化的动力机制和现实的扩张机制。资本主义生产方式主导的全球化成为当代世界社会历史发展的一个突出变化特征,深刻地改变着当今的社会面貌。全球化是不可阻挡的客观过程和现实。历史上没有类似的东西。同声传译和资源的优化配置,包括人类的精神财富,创造了前所未有的物质财富。同时,不同地区、不同传统、不同文化背景的各种"词"被放在同一个平台上。它促进了文化间的交流与对话,促进了异质文化的交融与碰撞,使全球文化交流与融合呈现出一种异质、多元的开放语境。

3. 文化全球化的趋势

文化全球化不是人类文化的单一化或同质化。它突出了人类文化的统一性或普遍性,并具有一定程度的融合,但实际上却加强了人类文化的多样性或差异性。"多样性与统一,和谐无差异"应该成为未来全球文化发展的理想模式。人类文化的统一与多样性是相互的条件,它们相互反映,在全球化进程中形成了普遍与差异并存的景象。没有全球文化统一性的出现,强调文化多样性就失去了意义,而没有文化多样性的存在,也就没有必要强调文化的统一性。

当今世界,随着全球化进程的不断深化,不同国家、不同民族之间的联系和交往越来越多,如何实现人类文化统一性与多样性的统一越来越引起人们的兴趣和重视。在这种情况下,和而不同的文化理念被提出。所谓"和而不同"就是指多种不同的事物之间和睦相处并和谐发展,但各种事物又具有自身的独特个性,不易随便盲从附和其他事物,也就是各种异质元素和谐共存,形成一个有机的整体，同时又保持自己独立的和有特色的东西。许多民族文化或不同不和，或同而不和，矛盾冲突加剧，热点问题增多。"和而不同"应该成为各个民族文化所共同信奉和遵守的原则。

（三）文化趋同与语言交融

1. 文化趋同

所谓文化趋同，是指不同种族、不同民族相互理解、吸收对方文化传统的趋势。当今世界，科学技术的飞速发展，特别是计算机网络技术、通信技术以及交通工具的飞速发展，加上经济全球化的趋势，使得整个世界越来越小，各个国家和民族之间的交往日益频繁，导致了不同民族文化相互接受、相互融合、既排斥又融合的趋势。

2. 语言交融

所谓语言交融是指一种现象，在日益频繁的国际交流过程中，各族裔的语言不可避免地必须学习、接受和吸收其他族裔的语言。这表现在两个层面：一是表层的交融，即国际交往的需要使得越来越多的人主动积极地学习、吸纳并掌握其他民族语言，因而可以直接与目的语国家的人进行无障碍的语言交际。例如，越来越多的中国人学习英语；越来越多的西方国家也开设了汉语专业，满足了西方人学习汉语的需求。二是深层的交融，即某一民族语言中的某些词语或表达方式被其他民族的语言所吸收接纳。

吸纳的方式有两种类型：①源语中某些词语的语音和语义以目的语的语形或直接以源语语形进入目的语。例如英语中"fans""model""cool""shaping"等进入汉语中，从而使汉语中有了"粉丝""模特""酷""舍宾"等这些词语。②源语中某些词语的语义直接进入目的语中。例如英语中的格言"Knowledge is power"、俗语"chain reaction"和"armed to the teeth"进入汉语而有了"知识就是力量""连锁反应"和"武装到牙齿"的汉语说法。

无论是文化趋同还是语言交融，它们都不能脱离整个世界的大形势、大环境以及全球的经济社会的发展而存在，两者都是自然而然的过程，是适应时代潮流应运而生的。人类只有在顺应这一潮流的前提下，通过自己的努力来促进这一趋势，切不可逆历史潮流而动，也不可操之过急、拔苗助长。

二、文化全球化与跨文化翻译

（一）文化全球化凸显跨文化翻译的重要作用

从本质上讲，翻译是在两种语言、两种文化之间进行的信息交流活动。不同的国家和民族相互间进行经济、政治和文化交往催生了翻译，而翻译反过来又推动它们之间关系的发展，使某一国（民族）的文化为别国（民族）所了解、共享和借鉴，从而促进各国民族文化的共同繁荣和发展。随着文化全球化进程步伐的加快，各国各民族文化间的交流日益频繁，跨文化翻译的桥梁作用也更加突出。一方面，它通过语言的转换、文化的再现把异域文化介绍到本民族文化中，使民族文化能够汲取异域文化的养分而得以发扬光大；另一方面，它将民族文化推向世界，让世界了解自己的民族文化。可以看出，跨文化翻译不仅是一种语言转换，而且是语言和文化的跨文化交流。

（二）文化全球化对跨文化翻译提出了新的挑战

语言反映文化，受文化制约。要成功地进行翻译，不但要掌握两种语言，而且还要熟悉两种语言所代表的文化，并在进行语言转换的同时传达文化信息。但是，不同文化之间存在某些差异，不同文化之间可能会发生冲突。

文化全球化加快了多元文化间的相互交流、吸纳、融合和互补的进程，促使人类在思维方式、行为方式、生活方式等方面的趋同。然而文化全球化绝不是文化单一化、同质化或简单的西方化，而是意味多元文化的平等交流、融合、互补与共荣。它虽然会增加文化的共性，但也会强化文化的个性和差异，并导致异质文化与民族本土文化的矛盾和冲突，这使跨文化翻译面临着新的挑战。尤其是，在全球化背景下，如何处理翻译中的文化差异的文体显得更加重要。

在文化全球化时代的跨文化翻译活动中，我们不能盲目排外，而要注意吸纳异域文化中对民族文化有用的精华，又要强化民族文化的精神价值，使民族文化在与异域文化进行对话式的交流、融合中获得发展机遇，增强民族文化向外辐射的能力和抵御外来不良文化的能力。

第三节 跨文化翻译策略

翻译策略是一个与翻译实务密切相关的概念,是每个翻译工作者与翻译研究者都需要弄明白的问题。根据《现代汉语词典》的定义,所谓"策略",是指"根据形势发展而制定的行动方针和斗争方式"。据此推演,所谓"翻译策略"可界定为根据所涉及语言文化的诸多因素及要求而制定的翻译行动方针和翻译方式。翻译不仅是一种语言间的交流,而且是一种文化间的交流。而文化交流过程就是一个跨文化信息传递、重现源语文化的文化移植过程。由于英汉两种文化中的人们在地理位置、文化背景、思维模式、价值观念、生活方式等方面存在着很大的区别,而且英汉两种语言也属于不同的语系,所以,英汉两种文化之间存在巨大差别,正是这种差别给翻译带来了困难。因此,在翻译策略选择上文化因素往往是译者必须考虑的首要因素。

一、归化与异化

由于语言本身的特点、文化因素的多面性、翻译目的的复杂性和翻译"形势发展"的多变性,因此在理论上,翻译策略的采用是没有统一固定的模式。实际上,影响翻译策略选择的因素非常复杂,不仅包括语言和文化问题,还包括文化帝国的内容和语言优势。在翻译实践过程中,虽然译者可以采用各种各样不同的翻译策略,但自古以来的种种翻译策略可以大致分归为两大类:一类为"归化式"翻译策略;另一类为"异化式"翻译策略。中国译论对从支谦的"文质"之争、玄奘的"求真"与"喻俗"、马建忠的"善译"、严复的"信达雅"、鲁迅的"宁信不顺"、赵景深的"宁顺不信"、傅雷的"神似"、钱钟书的"化境",到当代许渊冲的"语言竞赛论"等讨论中,可以窥见异化和归化策略的概念的存在。

《翻译研究词典》认为,"归化"与"异化"是由美国翻译理论家劳伦斯·韦努蒂在1995年使用的术语,源于德国哲学家施莱尔马赫于1813年所写的《论翻译的方法》一文。施莱尔马赫(Schleiermacher)提出:"只有两种翻译方法,一种是译者不打扰作者,使读者尽可能地接近作者;另一种是译者不打扰读者，使作者成为作者。尽可能地靠近作者。"这就是所谓的"异化"，即故意使翻译违反目标语言的约定并保留原始文本的异国情调。异化不仅可以充分地传达原作的"异国情调"，而且可以引进一些源语的表达方式以丰富译入语的语言。如中文从英文引进的"瓶颈"（bottle neck）；英文从中文引进的"toufu"（豆腐）、"yamen"（衙门）等。在异化处理时要考虑两个因素：一是译入语的语言习惯；二是译语文化的制约。否则，读者看不懂。后一种方法就是所谓的"归化"（domesticating method），即在翻译中以目的语文化为归宿，以目的语言或译文读者为主，使译文更通俗易懂，意在用传统的情调去取悦译文读者。驯化翻译通常包括以下步骤：①仔细选择合适的文本进行驯化翻译；②有意识地采用自然、流利的目标语言风格；③根据翻译风格调整翻译；④插入说明材料；⑤协调目标文本和原始文本的概念和特征。

在当今世界多元文化的语境下，异化与归化的交锋和对话已经成为中国和世界翻译界的一个热点话题。一般认为，在当代国际翻译界，归化派领袖人物应该是奈达，他的归化翻译理论是建立在宗教传教文化理念上的，其归化翻译理想是"最切近的自然对等"。异化派的领军人物非劳伦斯·韦努蒂莫属。在《译者的隐身》一书中，韦努蒂明确表示自己倾向于"异化"策略。他认为，异化的翻译其实是一种"抵抗式"（resistant）翻译，即故意采取一种不流畅的或陌生化的翻译风格，意在凸显源语文本的异质性，摆脱译入语文化从意识形态上对它的控制，从而显示译者的存在。因此，将异化翻译成英语可以成为抵制种族中心主义和种族主义，抵制文化自恋和文化霸权的一种手段，有利于民主地缘政治关系。

在中文翻译的历史上，归化和异化都有自己的特点。现代汉语翻译界的代表严复和林纾倡导了母语翻译策略，鲁迅则倡导了外语翻译策略。尤其是鲁迅先生以睿智的眼光、独特的视角挖掘出传统翻译理论的新异之处，提出"异化"是译者选择的合理手段。他一生基本上就是根据自己的主张从事翻译实践的，他在"异化"移植外国语言文化方面起到了模范作用，其目的就是为了改造中国语言文化。

那么客观地评价，归化与异化作为跨文化翻译中的两个策略，它们各自又有什么优势呢？尤其是当今世界文化全球化进程程度日益深化，商务英语翻译作为一种跨文化交际活动，这两种翻译策略对商务英语的翻译又发挥着怎样的作用呢？在商务交际过程中，中国读者和外国读者，生活环境不同，文化背景不同，相应地对事物的理解和感受也就有所不同。对于中国的事物，中国读者一看就懂，甚至还能唤起不同的感情和联想，外国读者则不一定明白，更谈不上联想或感情，因此，"归化"翻译策略是更多考虑了目的语读者的可接受程度，降低了阅读翻译作品的难度，容易为目标语读者所接受。然而，"归化"就是将一种文化中的异质成分转化为另一种文化中熟悉的内容。它往往牺牲了附属于原文的信息，原文的语言和文化特征在很大程度上消失了。

其实，"归化"与"异化"作为文化翻译的两种策略，不能说孰优孰劣，"如果考虑到翻译的目的、读者的对象和要求、文本的类型以及作者的意图，归化翻译和异化翻译在目的语文化中都有其存在和应用的价值。"因此，"归化"与"异化"作为跨文化翻译的两种策略，是相互兼容的，是缓和源语文化和目的语文化在翻译过程中矛盾冲突的主要方法。长期以来，"归化"译文出现频率往往较高，然而在当今文化全球化的时代背景下，尤其是跨文化商务交际趋势日益深化的形势下，商务英语翻译中文化交流的功能越来越强大，适度增加"异化"翻译的运用对语言的丰富、本土文化的传播和外来文化的接受不无裨益。

二、直译与意译

关于直译、意译的概念，我国翻译界一直存在不同的看法。

朱光潜《谈翻译》指出："所谓的'文学翻译'是指原文的直译，每个词和一个句子都被翻译，词和句子的顺序不变。表示用中文表达。含义不遵循原文的字符和顺序。"

文本翻译是关于保留原始文本的隐喻、图像、国籍和区域颜色的，特别是如果目标文本的语言条件允许的话。自由翻译意味着当原始文本的思想内容与目标文本的表达形式不一致时，应使用自由翻译。免费翻译要求翻译能够正确表达原著的内容，但不限于原著的形式。

综合而言，直译是指译文在形式与内容上都与原文非常接近的一种译法。采用直译法的先决条件是原文与译文在词汇意义、句法结构、文体风格等方面完全一致或基本一致。即原文中的词语用法、词序排列、句式结构等各个方面均与译入语非常相似的句子才能采用直译法。直译常用于商业广告的翻译。

例：Every man is the architect of his own fortune. （Appius Claudius Caecus）

译文：每个人都是自己命运的建筑师。

例：The accuracy of scientific observation and calculation always depends on the scientist's timekeeping methods.

译文：科学观测及计算的精度总是取决于科学家的计时手段。

例：Breakfast without orange juice is like a day without sunshine.

译文：没有橘汁的早餐有如没有阳光的日子。（橘汁广告）

例：True wisdom is to know what is best worth knowing, and to do what is best worth doing. （Doris Humphrey）

译文：真正的智慧在于知道最值得知道的和做最值得做的。

意译（Liberal Translation）从意义上讲，只要不注重细节而表达原文的主旨，译文就能自然流畅。免费翻译不关注原始文本的语言形式，包括句法结构、措辞和修辞。

但是，措辞并不意味着可以随意添加或删除内容。例如：

例：There is no smoke without fire.

译文：无风不起浪。

例：A friend in need is a friend indeed.

译文：患难见真交。

例：A diamond is forever.

译文：钻石恒久远，一颗永流传。（戴比尔斯钻石广告）

例 Both Intel, the world's largest supplier of computer chips, and Microsoft, the world's largest supplier of computer software, have assumed the role long played by big Blue as the industry's pacesetters.

译文：世界最大的电脑芯片供应商"英特尔"与世界最大的电脑软件供应商"微软"已经接替了IBM长久以来扮演的角色，也就是电脑产业世代更替的领导者。

由以上例子我们可以看到，直译和意译两种翻译策略都发挥着重要的作用，但是到底什么时候应该用哪一种方法？其实直译、意译之争由来已久，国内外翻译界都出现过所谓的直译派和意译派。例如，美国翻译家奈达说是支持意译的。而英国的纽马克则是直译派的代表。在中国，鲁迅主张"宁信而不顺"，提倡直译，林语堂、梁实秋等却主张意译。到了今天，翻译界基本达成共识，直译和意译应该相互兼容和补充。例如：

例：A winner cares about the world and its people. He is not isolated from the general problems of society.

译文：胜者关心世界，关心各国人民，他并不游离于社会的普遍问题之外。

例：Too many managers let theirselves get weighed down in their decision-making, especially those with too much education.

译文：决策时感到压力太重因而举棋不定的经理人员实在是太多了，尤其是那些受过太多教育的人。

一个句子到底应该直译还是意译，往往要考虑到文体、翻译的目的、读者等因素，并不是一成不变的。在商务合同中，直译占的比重要大一些，在商务广告、宣传手册等的翻译中，意译往往能有更好的效果。

在翻译研究中，二元对立的两个重要概念，直译、自由翻译以及异化和假设是两个相互关联且截然不同的术语对。可以将国内外语言视为文本翻译和自由翻译的扩展，但它们不等同于文本翻译和自由翻译。这两对概念具有重叠的方面。例如，假设翻译和自由翻译都需要流畅的翻译，并符合目标语言的语法规范。外语和文本翻译都力求与原始文本保持一致，并尊重语法，以及源语言的表达规范。但是，归化和异化强调文化因素和文化交流问题，而文本翻译和自由翻译则关注语言问题。

在多元文化的今天，各国文化交往日益频繁，文化间的融合日渐加深。尤其是国与国之间的商务交流越来越频繁，跨文化商务翻译的重要性也越来越突出。译者应具备深厚的文化修养、宏观的文化视野和跨文化交流的能力，合理利用异化和归化、直译与意译的翻译策略，努力传达和吸收异域文化，弘扬和发展本土文化，促进不同民族的相互交流和理解。

第四章 商务英语词汇翻译

第一节 商务英语翻译的词性转换

英语属于印欧语系，汉语属于汉藏语系。"印欧语系"是语言学术语，出现于19世纪初叶，因该语系分布于印度和欧洲而得名。印欧语系广泛利用词缀和词干元音音变来表达语法意义；名词有格、性和数的变化；动词有时态、语态和语体的变化，主语和动词在变化中互相呼应。另外，印欧语系各语言的词都有重音。但是许多语言，例如英语形态已经简化，向分析语转化。汉藏语系是语言学家按照谱系分类法划分的一组语群，至少包含汉语和藏缅语族，共计约400种语言。按使用人数计算，是仅次于印欧语系的第二大语系。汉藏语系各语言有声调，单音节词根占多数，以词序和虚词为表达语法意义的重要手段，词序比较固定。虚词种类较多，在句中表示各种不同的语法意义。汉藏语系语言词类上的一个特点是有量词。量词的作用主要表示事物的单位和动作行为的量。

汉藏语系语言有词的重叠形式，在许多语言里具有共同的特点，表重叠的范围、作用、形式等方面。其次，各语言还有一批表示不同句式和语气的助词，一般都用于句子末尾。鉴于英汉两种语言在诸多方面的差异，在词性上也无法做到完全对应。实际上，在英汉翻译过程中，部分语音有时会发生变化，以适应汉语的语音习惯。词性变化，又称"重分类"，是指通过改变一个词或短语的词性来建立意义的相应翻译过程，如名词转动词、形容词转动词、副词转动词、介词转动词、动词转名词、形容词转名词、名词转形容词以及名词到副词和形容词到副词的转换等。

以"He is a good businessman"为例。这句话如果直译成"他是一个很好的商人",虽然完全保留了原文的形式,即词性——对应,但是不太符合汉语语言习惯。如果在翻译时对原文句子中的某些成分进行转换,译成"他懂得经商之道"则更符合汉语习惯。

一、词性转换为动词

(一)名词转换成动词

英语中有很多表示活动的名词,即动作名词,还有大量由动词派生来的名词,在翻译时可以根据需要将它们转换成动词。一旦名词转换成动词,其后面如果有与之构成固定结构的介词短语,则该介词短语中的名词直接处理成宾语。例如:

(1) Knowledge of foreign cultures is helpful to the naming of a brand name.

了解外国文化有助于命名一个品牌。

(2) According to the contractor's advice, the house should be painted when the weather warmed up a little.

承包人建议,等天气暖和一些时再给房子刷油漆。

(3) The use of credit cards makes it possible to bring less cash.

使用信用卡能够少携带现金。

(4) Management of a staff of more than 500 people is no easy matter.

管理一支500多人的员工队伍并非易事。

(5) Attracting foreign fund can revitalize a business at the edge of bankruptcy.

吸引外资能够盘活一个处于倒闭边缘的企业。

(6) News came out of the industry yesterday that IBM was considering selling its semi-conductor business.

昨日,业界传出IBM正考虑出售它的半导体业务。

(7) SONY has confirmed the selling of its PC business and the VAIO brand name to Japan Industrial Partners.

索尼已经确认将 PC 业务及 VAIO 品牌出售给日本投资基金。

（8）There is a service charge of 10.5 yuan for cross-bank transfer of every 10,000 yuan.

每跨行转账 10 000 元人民币就收取 10.5 元的手续费。

（9）The signing of the contract goes to Mr. Johnson, general manager of the company.

签合同的事由公司总经理约翰逊先生负责。

（10）Three things should be taken into consideration for the insurance of household property.

给家庭财产投保需要注意三点。

（二）形容词转换成动词

英语中有许多形容词表达感知、情感和欲望。它们经常表达一种状态，可以根据需要翻译成动词。这些形容词包括：convinced, able, capable, afraid, angry, ashamed, aware, anxious, worried, careful, cautious, certain, concerned, confident, content, doubtful, suspicious, grateful, ignorant, thankful 等。例如：

（1）The Antonov-225 transport plane is capable of carrying 250 tons of goods.

安－225 运输机能够运载 250 吨重的货物。

（2）We are aware that logistics management can lower business cost and raise business competitiveness.

我们知道，物流管理能降低企业成本，提高企业竞争力。

（3）Business people are concerned with profits.

商人关心利润。

（4）He is convinced of the popularity of the new product.

他深信新产品会受欢迎。

(5) We are grateful to your interest in our products.

感谢您对我们产品的兴趣。

(6) NATO is worried about Turkish purchase of China's HQ-9 air defense missiles.

北约担忧土耳其购买中国红旗-9防空导弹。

(7) Consumers are content with Lenovo's after-sale services.

消费者对联想的售后服务很满意。

(8) I'm afraid to take the high-speed rail.

我害怕乘坐高铁。

(9) I am confident that a killer advertisement will bring us success in business.

我相信做一个精彩的广告会使我们的生意获得成功。

(10) He is doubtful about the superiority of their products.

他怀疑他们产品的优越性。

(三) 副词转换成动词

某些英语副词用作谓语时可以翻译成中文动词。这些副词有in, out, on, off, up, down, through, away, over 等。例如：

(1) The sales manager is not in.

销售经理不在。

(2) If you are still communicating by sending short messages, then you are out.

如果你还在用发短信的方式进行交流，那么你就落伍了。

(3) The game is off due to the rain.

由于下雨，比赛停止了。

(4) He must be on, and persuade her to come back home.

他不能半途而废，得劝她回家。

(5) He is not up yet as he stayed up late last night handling one online order after another.

他还没有起床。昨夜他一个接一个地处理在线订单,睡得很晚。

(6) When supplies are scarce, prices will be high.

货源短缺,价格会涨。

(7) The Chinese customs did not let the Philippine banana ship through for quarantine problems.

因检疫问题,中国海关没有让运输香蕉的菲律宾船只通关。

(8) While I am away from the office, John will receive my clients.

我离开办公室时,约翰替我接待客户。

(9) The board meeting is over.

董事会议结束了。

二、词性转换为名词

(一)动词转换成名词

在很多情况下,把英语的谓语动词翻译成汉语的名词要比不改变词性更符合汉语表达习惯。例如:

(1) Chinese businessmen differ from American businessmen in the style of negotiation.

中美商人谈判风格有差异。

(2) He acts like an entrepreneur.

他的一举一动像个企业家。

(3) He looks much like from Shanghai, being calculated and meticulous.

他的样子很像上海人,精明,一丝不苟。

(4) I was deeply impressed by the American business people's high value of time.

我对美国商人如此珍惜时间印象深刻。

(5) With the start of logistics management, the overall business management has greatly improved.

随着物流管理的开始,企业的整体管理水平有了很大的改善。

(6) Domestic brand smart phones sell well.

国产品牌智能手机的销售情况很不错。

(7) This coffee tastes good and is much welcomed by consumers.

这种咖啡味道很好,深受消费者欢迎。

(8) J-11B is designed by modeling Russia's Su-27 fighter.

歼-11B 的设计是仿造俄罗斯的苏-27。

(9) I looked at the noisy man angrily.

我向那个吵闹的男子投去了愤怒的目光。

(10) This car runs very fast.

这辆汽车的车速很快。

(二)形容词转换成名词

在很多情况下,根据汉语表达的需要,可以把英语的形容词翻译成汉语的名词。此外,一些形容词前面加定冠词the可以表示一类人,也要译成名词。例如:

(1) Neither public nor private relief can solve the problems of the poor forever.

政府救济或私人救济都无法永久性地解决穷人的问题。

(2) A sales and purchase agreement is valid forever under normal conditions.

通常情况下,销售合同的有效期是永久的。

(3) Diamond is valuable in that it is rare.

钻石的价值在于它稀有。

(4) Stock investment is highly risky.

投资股票的风险性很高。

(5) Bill Gates is very influential in the world.

比尔·盖茨在世界上具有很大的影响力。

(6) His business broke down and his friends were sympathetic of him.

他的企业倒闭了，他的朋友们对他表示同情。

（7）Bob Dylan was great as he made great contributions to American rock music and folk songs.

鲍勃·迪伦的伟大在于他对美国摇滚、民谣做出的巨大贡献。

三、词性转换为形容词

（一）名词转换成形容词

在英语中，可以将一些从形容词派生的名词和一些谓语名词转换为中文形容词。例如：

（1）Ma Yun is a businessman of great wisdom.

马云是个极其精明的商人。

（2）Moving the company's headquarter to Shanghai is a decision of great significance.

把公司总部迁到上海是一个意义重大的决策。

（3）Dubai is a world trading port of importance.

迪拜是一个重要的世界级的贸易港口。

（4）Qian Ying is one of the economists of the highest reputation in China.

钱颖是中国最有声望的经济学家之一。

（5）He is an SOE boss of principle.

他是个很讲原则的国企老总。

（6）She lives a life of virtue.

她过着高尚的生活。

（7）Better be a man of learning than a man of ignorance.

宁可做一个学识渊博的人，也不做一个无知者。

（二）副词转换成形容词

英语副词的使用非常普遍，可以根据目标句型的需要将其转换为中文形容词。例如：

（1）It is generally believed that making big money is difficult now.

一般的观点认为现在赚大钱难。

（2）It is universally acknowledged that small profits make good sales.

普遍的看法是，薄利能够多销。

（3）We gazed at each other satisfactorily after we received our desired compensation.

得到了所希望的补偿之后，我们互相投去了满意的目光。

四、词性转换为副词

（一）名词转换成副词

根据译文句式的需要，某些名词可以转换成汉语的形容词。如果该名词前面有做修饰语的形容词，则该形容词也同时转换成副词。例如：

（1）I have the great honor to declare the Fourth CA-EXPO open!

我十分荣幸地宣布第四届中国-东盟博览会开幕！

（2）State-owned enterprises have difficulty reforming institutionally.

国有企业难以进行体制改革。

（3）Operating profits are rising with rapidity.

营业利润迅速增长。

（4）The assistant manager handles customer's complaints with calmness and patience.

经理助理冷静耐心地处理顾客的投诉。

（二）形容词转换成副词

根据译文句式的需要，某些形容词可以转换成汉语的副词。

如果一个形容词所修饰的名词在译文中被转换成副词，则该形容词也同时转换成副词。

此外，英语中有些形容词虽然放在名词之前，但实际上并不修饰名词，而是修饰动词或句子，因此可以译成副词形式。例如：

（1）We had an early routine meeting today.

我们今天早早地开了例会。

（2）I send her frequent e-mails.

我经常给她发电子邮件。

（3）He heaved a deep sigh after all the mails had been delivered.

所有的邮件都送完之后，他深深地叹了口气。

（4）It is our great pleasure to host the 2014 APEC meeting in Qingdao, China.

我们非常高兴地在中国青岛主办2014年亚太会议。

第二节　商务英语代词翻译

在漫长的演变与发展过程中，每一种文字都逐渐形成有别于其他文字的不同之处，包括语音、词汇、句法和修辞等。代词是词汇中一个方面。代词是代替名词的一种词类。大多数代词起名词和形容词的作用。英语和汉语分别属于印欧与汉藏两个不同语系，因此在代词的使用方法上存在很大区别。英语代词可以根据其含义、特征和在句子中的功能分为八类，包括人称代词、所有格代词、指示代词、物主代词、对等代词、疑问代词、相对代词和不定代词。汉语中的代词有三种：代词、正代词和可疑代词。由于英汉语言的差异，代词有时无法采用对应的形式进行翻译。

一、人称代词的翻译

人称代词是指人的独特词。汉语中的人称代词有我、你、他（指男性）、她（指女性）、它、我们、你们、他们（她们、它们）等。英语的人称代词分为主格形式和宾格形式两种，主格人称代词包括 I，you，we，he，she，it，they 等，宾格人称代词包括 me，us，you，him，her，it，them 等。英语大部分人称代词都有性、数、格的形式变化，汉语人称代词只有第三人称有性的变化。值得注意的是，当第一人称"我"（I）和其他人称代词作并列主语时，英汉两种语言的表达顺序相反，英语通常把"I"放在后面，如果指坏事或需要承担责任的事情时，则把"I"放在前面。而汉语习惯性地把"我"放在前面。因此在翻译人称代词时需要注意这一差别。人称代词的翻译一般采取四种方法，包括直译、省略、还原和互换，其中还原和互换仅适用于第三人称代词的翻译。

（一）直译法

直译是翻译人称代词时最常用的方法，也就是说，将其含义直接译出即可。例如：

（1）You may have noticed that our products are 5% cheaper than those of the same kind.

你可能注意到了，我们的产品比同类产品价格低5%。

（2）They are aware that retaining regular customers is as important as finding new ones.

他们意识到，留住老顾客与寻找新顾客同样重要。

（3）If you hurt a client, you can neither get business done nor maintain good relationships.

如果你伤害了客户，你既做不成生意，又无法维持良好的关系。

（4）We have received your request for permission to use our computers during the managerial meeting.

我方已收到你方在经理会议期间使用我方计算机的请求。

（5）I am pleased to inform you that I can grant your request for payment of travel expenses.

我很高兴地通知您，我可以批准您对支付旅行费用的请求。

（6）He outlined his corporate development plan on the occasion of his acceptance of the presidency in the company.

在就任公司总裁的那一刻，他简要地描述了他的公司发展方案。

（7）They sued for compensation due to the damage on delivery.

因送货时发生损坏，他们起诉要求赔偿。

（8）She is the executive secretary of the firm.

她是公司的执行秘书。

（9）The secretary printed the file and inserted it into the fax machine.

秘书把文件打印出来，然后把它放到传真机里。

（二）省略法

为了使译文通顺简洁，并更加符合汉语表达习惯，可以对原文中的人称代词不予翻译。例如：

（1）The smaller profits you make, the quicker returns you get.

薄利多销。

（2）You can never tell how long these meetings will last.

很难说这些会议会开多久。

（3）The more we invest, the more we gain.

投入越多，收获越多。

（4）By E-commerce, we mean all kinds of business and trade activities conducted by both parties through computer networks, particularly the Internet, according to certain standards.

电子商务是指买卖双方通过计算机网络，特别是互联网，按照一定的标准所进行的各类商贸活动。

（5）What we call the 4C's in marketing refer to Customer, Cost, Convenience and Communication.

市场营销中所谓的4C指的是顾客、成本、便利和沟通。

（6）As you sow, so shall you reap.

种瓜得瓜，种豆得豆。

（7）It is not decided yet.

还没有定下来。

（三）还原法

还原就是把代词所代替的具体对象翻译出来。

（1）He raised 20 cows on his ranch.He supported his family with them.

他在牧场养了20头奶牛，他用这些奶牛养活他的家。

（2）He is the boss of several factories, two of them doing import and export business.

他是几家工厂的厂主，其中两家工厂做进出口生意。

（3）People in the south are better businessmen than those in the north.

南方人比北方人会做生意。

（4）Our company imported a large quantity of SCARPA sports shoes from Italy and sold them to other companies.

我公司从意大利进口了一大批SCARPA牌运动鞋，然后把这些鞋销售给了其他公司。

（四）互换法

一般来说，如果英语的主句和从句的主语相同的话，主句往往用具体的施事者或受事者做主语，从句主语则使用主句主语的代词形式，而按照汉语习惯，一般来说，从句在先，主句在后，因此从句的主语都是具体的施事者或受事者。翻译时需要把主句中的具体施事者或受事者和其在从句中作主语的代词互换位置，有时可将代词省译。

（1）Orders will be handled in three days after they are received.

收到订单后将在三日内办理。

（2）A computer still consumes electric power even if it is in the sleep mode.

即使计算机处于休眠状态，它也消耗电能。

（3）The photocopier still malfunctions even though it has been repaired several times.

尽管复印机修理过几次,但是它仍然运转不正常。

(4) The contract must be implemented within two months as soon as it is signed.

合同一经签署,就必须在两个月内履行。

(5) The court sentenced the defendant to pay damages according to law even if he was absent in court.

尽管被告未到,法庭依法判决他支付赔偿金。

二、形容词性物主代词的翻译

表达所有权的代词被称为所有格代词,也被称为人称代词的所有格。所有格代词可以分为形容词所有格代词和名词所有格代名词。代词是人和数字的变体。

第三人称单数的所有格代词也会改变性别。形容词所有格代词只能用作属性,并且与名词一起使用以修饰和限制名词。形容词性物主代词的翻译方法主要有直译、省译和转译等几种。

(一)直译法

按照词义,把英语的形容词性物主代词直接译成汉语相应的代词即可。

例如:

(1) I am glad to inform you that your complaint about the poor performance of the Monay battery has been properly handled.

很高兴地通知您,您对 Monay 电池性能差的投诉问题已经得到妥善处理。

(2) The board of directors think his sales plan is feasible.

董事会认为他的销售计划可行。

(3) I will have to go to China Life Insurance Company to renew my insurance policy.

我得去一趟中国人寿保险公司续我的保单。

（4）Her job is to handle calls from clients.

她的工作是接听客户的来电。

（二）省略"的"字

汉语有时省掉作定语的"的"字，汉英翻译时应该考虑到汉语的这一特点。例如：

（1）Your letter of inquiry of June 14, 2013 has been received.

您2013年6月14日的询问函已经收到。

（2）Our company specializes in straw weaving and bamboo weaving export.

我公司专门从事草编织品和竹编织品出口。

（3）Their headquarter is based in Shenzhen.

他们总部设在深圳。

（4）Welcome to our exhibition center.

欢迎大家到我们展览中心来。

（5）He is the head of our subsidiary in Guangzhou.

他是广州分公司的负责人。

（6）Please see me in my office.

请到我办公室来见我。

（三）转译成主格人称代词

它与代表随后修改的动作或状态的名词形成主语—谓语关系。例如：

（1）We appreciate your interest in our company though your products fall out of our line for the time being.

尽管贵方产品目前不是我方所经营的范围，但是我们非常感谢您对我公司感兴趣。

（2）Our hope is that you can keep further business contact with us in the future.

我们希望你们未来能与我们进一步保持商业往来。

（3）Thank you for your support of our product promotion plan.

感谢您支持我们的产品促销计划。

（四）省略法

在许多情况下，人称代词可以省略。例如：

（1）When shall we start our trip?

我们何时启程？

（2）They moved their headquarter to Shanghai.

他们把总部迁到了上海。

（3）I borrowed the house from my friend.

我跟朋友借的这间房子。

（4）When will he start his business trip?

他什么时候开始出差？

三、关系代词和连接代词的翻译

关系代词用来引导定语从句。它代表先行词，并在从句中构成一定的句子成分。关系代词有主格、宾格和属格之分，并有指人与指物之分。关系代词有 that，which，who，whom，whose，as 等。疑问代词在引起从句时，都称为连接代词，包括 who，whom，whose，what，which，whoever，whomever，whichever，whatever，一共九个。关系代词和连接代词的翻译方法大致有五种，包括直译、还原、转译、增译和省略。

（一）直译法

直译基于相对代词和连接代词的原始含义。适合于采用直译法的关系代词和连接代词有 who，which 和 as 等。例如：

（1）Who will be our next chairman of the board has not been decided yet.

谁将成为我们下一任董事会主席还没有决定。

（2）Who is the highest bidder in the auction?

拍卖中出价最高的投标人是谁?

（3）His dilemma is which of the two to choose as business partner.

他的困惑是，这两个当中该选择哪一个作为生意伙伴。

（4）The owner of the house paid me 20,000 yuan as compensation for breach of contract as had been mutually agreed.

按照双方的约定，房主支付了我 20 000 元人民币作为违约补偿。

（二）还原法

归约是对关系代词的归约，即将关系代词翻译成先行词，它是指或重复先行词或先行词的简单表达。这种翻译方法仅限于归因条款的翻译。英语句子相对较长，而汉语句子大多较短。当从句比较长时，采取重复先行词的翻译方法把定语从句处理成并列句，可以避免汉语句子过长的问题。有时英语的定语从句与前面的先行词之间的关系不紧密，也可以通过重复先行词的方法，将从句译成汉语的并列句。例如：

（1）The warehouse is packed with Lenovo laptop computers, which are to be delivered to Dalian.

仓库装满了联想笔记本电脑，这些电脑将发往大连。

（2）Here comes our new chief accountant, who used to work with Pricewater House Coopers for the past ten years.

我们新上任的总会计师来了。这位会计师在过去 10 年曾在普华永道会计师事务所工作。

（3）The customs began to sell smuggled vehicles at auction, some of which were sold at 50,000 yuan.

海关开始拍卖走私汽车，有的车以 50 000 元人民币卖掉。

（4）The United Nations Development Programme granted China a micro loan of 20 million dollars in 2005, which was used to help relieve poverty from poor counties.

2005年,联合国开发计划署向中国提供20 000 000美元的小额贷款,这些贷款用来帮助贫困县脱贫。

(三)转译法

转译就是根据汉语表达习惯把英语的关系代词或连接代词译成汉语的名词或代词。例如:

(1) We have five subsidiaries, which are located in the ASEAN countries.

我们有五个子公司,它们都位于东盟国家。

(2) What we call the Bitcoin is actually a kind of digital money.

我们称为比特币的东西实际上是一种数字货币。

(3) What they sold us is of good quality.

他们卖给我们的是高质量的。

(4) Whoever offers the lowest bid gets the contract.

出价最低者将获得合同。

(四)增译法

除了归因关系之外,归因和主要从句有时还具有副词从句的功能。这些副词关系包括原因、结果、目的、让步、假设、时间等。按照常规方法翻译定语从句有时达不到理想的翻译效果,因此在翻译时应注意这种特殊的逻辑关系。

例如:

(1) We are not importing hard disks from Thailand temporarily, which is being hit by severe floods.

我们暂时不从泰国进口硬盘,因为泰国正在遭受严重的水灾。(原因状语)

(2) WeChat, which is widely used, is very economical.

微信很划算,因此被广泛使用。(结果状语)

(3) The company plans to put on a killer advertisement that will attract the attention of consumers.

公司打算把广告做得精彩些,以便吸引消费者的注意。(目的状语)

(4) Robots, which have many advantages such as working in dangerous conditions, cannot replace men completely.

机器人虽然有许多优点,比如在危险条件下工作,却不能完全取代人。(让步状语)

(5) According to quality standards, any product which is found defective must not be exported.

根据质量标准,任何产品,只要发现有瑕疵,就不能出口。(条件状语)

(6) Electronic transfer that has been made cannot be recalled.

电子转账一旦成功就无法收回。(时间状语)

(五)省译法

当关系代词或连接代词在主句和从句之间不充当任何成分时,可以省略不译。此外,有时为了汉语表达的简洁,可以省略关系代词,将先行词与关系代词后面的谓语动词组合成主谓结构译成句子。例如:

(1) I think that wealth management is the best option to deal with my personal bank deposits.

我认为理财是处理我个人银行存款的最佳选择。

(2) We have our lawyer who can handle the matter.

我们自己的律师能够处理这件事。

(3) It is stated in black and white in the contract that Party A will deduct 20% from the total as default fine if Party B breaches the contract.

合同中白纸黑字写着,如果乙方违约,甲方将从总额中扣除20%作为违约金。

(4) The shareholders approved the 16th board of directors'resolution by unanimous vote that all the equities of Xinjiang Zhongtong Real Estate Development Company Limited be sold.

股东全票通过第16次董事会决议,出售新疆中通房产开发有限公司全部股权。

第三节 商务英语数词翻译

商务英语中有很多数字。表达数字或顺序的单词称为数词，其用法等同于名词或形容词。数字分为基数和序数。表示该数字的数字称为基数。表示顺序的数字称为序数。英语和汉语在数值小的数词方面有共同之处，例如汉语的"百"和"千"与英语的"hundred"和"thousand"完全对应。就数值较大的数词而言，英语和汉语则大不相同，例如汉语中的"万"和"亿"在英语没有对应的表达，代替的是"ten thousand"和"hundred million"。此外，英语中的million、billion和trillion都不是汉语的基准数字单位。英汉数词所代表的意义的差异要求译者在翻译时需要转换。

一、固定数字的翻译

固定数字是指已知的明确数字，其翻译方法主要有两种：直译法和换算法。

（一）直译法

直译法主要用于千位以内的数字词或无须转换单位的数字如数量、年代、时间、温度、高度、折扣等的翻译，对这类数字无须做任何转换处理，对应翻译即可。

例如：

（1）Our offer is 5% lower than theirs.

我们的报价比他们的低5%。

（2）In the first ten months of this year, Taiwan's cumulative favorable balance of trade with the mainland has reached 2.2 trillion yuan.

今年头10个月，台湾从大陆累计贸易顺差达到2.2万亿元人民币。

（3）The number of foreign-funded commercial businesses in China has reached nearly 4,000.

外商投资商业企业在华店铺数量已接近4 000个。

（4）In 2004, China approved 212 foreign investment projects.

2004年，中国批准外资项目212个。

（5）Kyle, the 55-year old President of Carvy-Wheaton Bank, has resigned to accept a position with another company.

55岁的卡维-惠顿银行总裁凯尔已经辞职去另一家公司任职。

（6）The 2014 China-ASEAN Expo will be held in Nanning, Guangxi between September 19 and 22, 2014.

2014年9月19—22日将在广西南宁举办2014中国东盟博览会。

（7）Currently the dry container generally used in the world has an exterior dimension of 20×8×8 feet 6 inches, which is called 20 feet container for short.

目前，国际上通常使用的干货柜外尺寸为20×8×8.6英尺，简称20尺货柜。

（8）The high speed train can reach a speed of 350 kilometers an hour.

高铁时速可达到350公里。

（9）He bought a pair of shoes for 600 yuan from the Internet not long ago.

不久前，他花了600元从网上买了双鞋。

（10）Metersbonwe has received 80% good rating.

邦购网的好评率达到了80%。

（二）换算法

换算法主要用于较大数值的数字翻译，尤其是涉及需要英汉转换的数字单位如thousand、million和billion。例如：

（1）According to the White Paper, the total volume of China's commodity sales exceeded 1.6 billion yuan in 2004.

白皮书显示，2004年，中国商品销售总额超过16亿元。

（2）The net profits in the second quarter of this year reached $354,000,000.

今年二季度净利润高达3.54亿美元。

(3) The American FedEx processed 8,100,000 packages last Monday.

联邦快递上周一处理了 810 万个包裹。

(4) By 2003, China's private businesses had reached an average sales growth rate of 8,569,800 yuan per year.

截至 2003 年,中国非公有制企业年平均销售增长幅度为 856.98 万元。

(5) By August this year, Taiwan had had a foreign exchange reserve of 231 billion 600 million US dollars in total.

截至今年 8 月,台湾共有外汇储备 2 316 亿美元。

(6) In 2004, the US defense expenditure was $455.9 billion, accounting for 3.9% of its GDP last year, while the Chinese defense expenditure reached 211.7 billion RMB yuan, covering 1.6% of its GDP. The US expenditure was 17.8 times that of China.

2004 年,美国国防开支是 4 559 亿美元,占美国去年国内生产总值的 3.9%。而中国的国防费用去年是 2 117 亿元人民币,占中国国内生产总值总额的 1.6%,美国的国防开支是中国的 17.8 倍。

二、不定数量的翻译

英语和汉语中均存在许多表示不确定的数量的说法,这些数量不是具体的数字,概念比较模糊。汉语不确定数量的表达比较简单,例如,"几百""数千""数万""数以万计"等。英语不确定数量的表达需要使用介词 of 和 by 等,数词需要用复数形式,例如 tens, hundreds, thousands, millions, billions, dozens, decades 和 scores 等。不定数量的具体翻译如下:

(1) The warehouse is packed with tens of containers.

仓库里存放着数十个集装箱。

(2) The A340 airbus is capable of carrying hundreds of passengers.

A340 空中客车能够运载数百名乘客。

(3) Thousands of spectators rushed into the gymnasium to watch the Sino-US basketball match.

数以千计的观众涌入体育馆观看中美篮球大战。

（4）Thousands of ex-army officers have found lucrative jobs in private security firms.

数以千计的退伍军官在私营保安公司找到了收入不菲的工作。

（5）He runs a business that earns tens of thousands of yuan a day.

他经营一家企业，每天赚数万元。

（6）Tens of thousands of foreign corporations have fanned out across the African continent.

成千上万家外国公司已在非洲大陆上散开。

（7）The city subways carry hundreds of thousands of passengers a day.

城市地下铁每天运载数十万乘客。

（8）The exhibition center receives hundreds of thousands of visitors each year.

展览中心每年接待数十万来宾。

（9）When fully operational, these two plants will produce millions of state-of-the-art solar panels each year.

完全运转起来后，这两家工厂每年将能生产数百万最先进的太阳能面板。

（10）They have received billions of dollars in economic aid.

他们已经收到了几十亿美元的经济援助。

（11）The Haagen-Dazs store at the Xinghai Bay sells ice-creams by the thousand every day in the summer.

哈根达斯星海湾店在夏季每天出售的冰激凌数以千计。

（12）Tencent's shares lost value by the hundred million just in one day.

腾讯公司股票损失在一天之内竟达数亿。

（13）With the bankruptcy of the factory, workers lost their jobs by the hundred.

由于这家工厂倒闭，数百工人失业。

（14） Windows XP is the "longest-living" operating system in Microsoft's history and even today hundreds of millions of computers in China still have been installed with the system.

Windows XP 是微软历史上最"长寿"的操作系统，如今国内仍然有数以亿计的电脑安装了该系统。

三、表示数字增减的翻译

英语数量的增减一般通过表示增减的动词来完成，这类动词常常与表示幅度和结果的介词连用。表示增长的动词包括：rise, increase, go up, soar, gain, grow, expand, surpass 等；表示减少的动词包括：fall, drop, decline, decrease, go down, lose, shrink, reduce, cut, cut down, lower 等。与这些动词连用的介词包括 by 和 to，by 表示增减的幅度，to 表示增减的结果。在表示倍数时，英文一般使用动词 double 和 triple 以及名词 time, twice, thrice 等。

1. 数字增减的翻译。数字的增减采取直译方式，例如：

（1） The NPD Group, an industrial research firm, reports that American consumers spent totally $15.39 billion in buying games in 2013, up 1% from 2012.

根据产业研究公司 the NPD Group 的报告，美国消费者在 2013 总共花费 153.9 亿美元购买游戏，比 2012 年上升 1%。

（2） The total retail sales of consumer goods in 2005 will go up by about 10%.

2005 年，社会消费品零售总额将增长 10% 左右。

（3） The total retail sales of production materials will surpass 12% or so.

生产资料零售总额将超过 12% 左右。

（4） The total cross-straits trade volume has grown to US $63.5 billion in the first ten months of this year.

今年头 10 个月，两岸贸易总额已增长到 635 亿美元。

（5） China's foreign exchange reserve had increased to US $3.44 trillion by April, 2013.

截止到 2013 年 4 月，中国外汇储备已经增长到 3.44 万亿美元。

(6) China actually utilized 400 million dollars of foreign investment in 2004, up by 13.5% from the previous year.

2004年，中国实际利用外资4亿美元，同比增长13.5%。

(7) The prices of Golden Dragon Fish peanut cooking oil were down by an average of 13.2 yuan during the holidays.

节假日期间，金龙鱼食用花生油平均降价13.2元。

(8) In 2013, China's economy grew by 7.7%.

2013年，中国经济增长7.7%。

(9) The latest figures released by the Ministry of Industry and Information Technology show that due to the impact of WeChat, Blog and other new ways of New Year greetings via mobile Internet, the number of short messages sent by mobile companies added up to 18.21 billion during the 2014 Spring Festival holiday, down by 42% from the previous year, while mobile Internet data reached 36,746,000 gigabytes, up by 86% from the previous year.

根据工业和信息化部发布的最新数据，由于微信、微博等移动互联网的新年问候的影响，2014年春节期间全国移动短信发送量累计达182.1亿条，同比下降42%。互联网访问流量达到367.46亿G，同比增长86%。

2. 倍数增加的翻译。英语表示倍数增加或倍数对比的句型多种多样。在表达或比较倍数时，英语和汉语在语言和思维上存在差异，并且在翻译中容易犯错误。现将表示倍数增长的常用英语句型及其正确译法归纳如下：

A. A是B的n倍

① A is n times as great (long, much, ...) as B. (A是B的n倍，A比B多n-1倍)

② A is n times greater (longer, more, ...) than B. (A是B的n+1倍，A比B多n倍)

③ A is n times the size (length, amount, ...) of B. (A是B的n倍，A比B多n-1倍)

例如：

（1）Sales of PS4 in January, 2014 were twice as much as those of Xbox One.

2014年1月美国PS4销量是Xbox One的两倍。

（2014年1月美国PS4销量比Xbox One多一倍。）

（2）China Mobile created a profit six times greater than China Unicom did in 2012.

2012年，中国移动公司创造的利润是中国联通公司的七倍。

（2012年，中国移动公司创造的利润比中国联通公司多六倍。）

（3）China National Petroleum Corporation had a staff of 1.09 million in 2009, 1.29 times the size of China State Grid Corporation.

2009年，中国石油天然气集团公司拥有109万员工，规模是中国国家电网公司的1.29倍。

（4）The sale of Samsung's Galaxy S III is expected to be three times greater than that of Galaxy S II.

三星Galaxy S III手机销售量将是Galaxy S II的四倍。

（5）China's consumption of gold reached 1,176.40 tons in 2013, which was the first time to exceed 1,000 tons and was over two times more than 2007.

2013年，中国黄金消费量达到1 176.40吨，首次超过1 000吨，是2007年的三倍多。

（6）According to statistics at the end of 2013, China's GDP was about two times that of Japan.

2013年末的统计显示，中国GDP大约为日本的两倍。

B. 增加n倍

① increase to n times

② increase n times/n-fold

③ increase by n times

④ increase by a factor of n

以上四种句式均应译为"增加到n倍""是……的n倍",采取直译法即可。但是如果译成"比……多n倍"或"比……增长了n倍"时,需要将原文中的倍数减去一,表示净增长。这是翻译英语倍数增长时最容易出错的地方。例如:

(1) The number of PS4 and Xbox One players will increase by two times in 2014.

2014年,PS2和Xbox One玩家数量将增长两倍。

(2) According to Y.H.Lee, Samsung's executive vice-president in charge of electronic mobile business, the company plans to double the sale of its tablet computers.

三星电子移动业务执行副总裁Y.H.Lee表示,公司计划使今年平板电脑的销量翻一番。

(3) The sale of Lenovo's personal computers in Chinese market is three times more than that of the whole industry.

联想在中国市场的个人电脑销量比整个行业的销量多两倍。

(4) The production of LED TV this year is five times as against that of three years ago.

今年的LED电视产量是3年前的5倍。

(5) The value of the house has increased four times.

这栋房子增值了四倍。

(这栋房子的价值是原来的五倍。)

(6) The number of stores shut down by Wal-Mart in China is six times as compared with TESCO.

沃尔玛关闭在中国的店铺的数量是乐购的六倍。

3.倍数减少的翻译。英语中有"decrease by n times"的说法,汉语习惯于说"减少了几分之几"。因此在翻译英语表示减少的倍数时,不能直译,必须转换成分数形式。现将表示倍数减少的常用英语句型及其正确译法归纳如下:

A. A 比 B 少几分之几

① A is n times as small（light，slow，…）as B.

② A is n times smaller（lighter，slower，…）than B.

以上两种句型均应译为"A 的大小（重量，速度，……）是 B 的 1/n"或"A 比 B 小（轻，慢，……）n－1/n"。例如：

（1）iPhone 5 is nearly five times as light as iPhone 4.

苹果 5 手机的重量几乎比苹果 4 轻 1/5。

（2）iPhone 5 is nearly five times lighter than iPhone 4.

苹果 5 手机的重量几乎是苹果 4 的 4/5。

（3）This sort of screen protector is twice thinner than ordinary ones.

这种手机膜比普通手机膜薄一半（这种手机膜是普通手机膜厚度的 1/2）。

B. 减少 n 倍

① decrease n times/n-fold

② decrease by n times

③ decrease by a factor of n

④ n times less than

以上①②③三种句式均译为"减少到 1/n"或"减少 n－1/n"。④表示"减少 n/n+1"或"减至 1/n+1"。decrease 常被 reduce, shorten, go down, drop, fall 和 slow down 等词替代。例如：

（1）The production of traditional keyboard cell phones has decreased by five times.

传统的键盘手机产量已经减少了 4/5。

（2）The corporate share prices dropped by three times last week.

该公司的股价上周下跌了 2/3。

（3）Switching time of the new computer operating system is shortened 3 times.

新的电脑操作系统的开关时间缩短至 1/3。

（4）The new testing instrument reduces error probability by a factor of 5.

新的检测仪误差概率降低 4/5。

（5）This year's trading volume of genetically modified food is 4 times less than last year's.

今年转基因食品交易量减至去年的 1/5。

4."多出 n 个"和"短缺 n 个"的翻译。英语中表示"多出几个"时一般使用 more、too many 等，表示"短缺几个"时使用 less。例如：

（1）The van can take seven people and now there is one person too many.

面包车能拉七个人，而现在多了一个人。

（2）We have got five more clients this month.

我们这个月又多获得五个客户。

（3）I earned 1,000 yuan more this month for working extra hours.

我这个月加班，多挣了 1 000 元。

（4）Please call ten more people for the task.

请再召唤十个人来执行这项任务。

（5）The package will arrive in a few more days.

包裹再过几天就到了。

（6）The UPS has handled one million parcels less in the second half of this year.

联合包裹快递今年下半年办理的包裹少了 100 万件。

（7）They have delivered two fax machines less.

他们少送了两台传真机。

四、关于折扣率的翻译

英语表示折扣需要使用百分比，一般使用"数字+percent off"的句型，译成汉语时可采取直译法和转换法。如果译成"……%的折扣率",则采取直译;如果译成"打……折",则必须采取转换法,对英语数字进行换算,例如:30% off要译成七折,而不是三折。

(1) If you purchase 1,000 Blue Ray players at a time, we can allow you a discount rate of up to 20 percent.

如果您一次购买1 000台蓝光播放机,我们可以给您最多20%的折扣率。

(2) Today is our membership day and all members will enjoy a 12% off.

今天是我们的会员日,所有会员将享受八八折。

(3) The highest discount rate we can allow you on our Levis products is 10%.

关于我们的李维斯牛仔裤产品,我们所能给您的最高折扣率为九折。

(4) Rooms booked beforehand can be discounted by up to 50%.

提前预订房间可以打折,折扣率可高达50%。

(5) Stores discount most goods at 50% or even 60% off during Christmas season.

圣诞节期间,商店纷纷对大部分商品打折,有的五折,有的甚至四折。

(6) The bookstore gives teachers of the university 15% off.

书店给该大学教师打八五折。

五、近似值的翻译

英文和中文有相似的表达。英语经常在数字前面使用about, round, roughly, approximately, some, more or less, in the neighborhood of, close to, nearly, almost等或者在数字后面使用or so等词语来表示近似值。汉语常在数字前面加上"约""大约""大概"等或在数字后面加上"来个""左右"等词语来表示近似值。其翻译方法一般采用直译法。例如:

(1) He earns 1,200 dollars per month, about 7,200 yuan RMB.

他每月挣1 200美元,约合人民币7 200元。

(2) The President of Carvy-Wheaton Bank is Kyle, who is around 50 years old.

卡维-惠顿银行的总裁是凯尔，他50岁左右。

（3）This car consumes roughly 11 liters of gas per hundred kilometers.

这辆车百公里耗油量大致11升。

（4）Approximately half of Chinese steel consumption is in construction.

中国有大约一半的钢铁消费被用于建筑。

（5）All the Wal-Mart stores have more or less the same layout.

所有的沃尔玛超市布局差不多。

（6）The bigger concern for Amazon investors may be their firm's lofty share price, now trading in the neighborhood of 40 times forecasted earnings.

亚马逊的投资者更大的担忧恐怕还是该公司股价过高，目前它的市盈率接近40倍。

（7）Ma Yun predicts next year's trading volume to be 400 billion or so.

马云预测明年的交易量将达到4 000亿左右。

（8）The average Chinese paid close to 10,000 yuan in taxes in 2013.

2013年中国人均税赋近万元。

（9）Currently over 16 trillion more yuan has been issued, which is nearly four times more than 2008.

目前国内增发的人民币超过16万亿元，比2008年多出近四倍。

第四节　商务英语翻译的词汇省略

省略表示原文中的某些单词尚未在翻译中翻译，因为尽管翻译中没有单词，但它们具有自己的含义或在翻译中显而易见。换句话说，我们必须删除一些不必要或烦琐的单词或与目标语言的语言习惯相反的词，以使翻译简洁，符合中文习惯，尤其使商务英语文本更加简洁、广泛。烦琐不利于沟通。一般而言，英汉翻译并不是随意切词，而是汉语具有简洁的特点。如果我们过分强调表达每一件事，翻译每一个词，就会破坏整体，因为它保留了一些小部分，也就是说，它会因为小而失去大。因此，您必须大胆牺牲一些不会影响原始意图的词，以便更好地强调要点。但应注意，遗漏不应破坏原始文本的思想内容。如果要保留一个字，就不会丢失。如果必须牺牲整个从句，也可以省略。例如，英文中常见的"you know" "as you might expect"就没有翻译的必要，因为汉语中这种表达法少见。我们可以从语法和修辞学的角度来研究商务英语翻译中的词汇跳过问题。

一、省略代词

（一）省略作主语的人称代词

为了阐明指称关系，一般而言，每个句子都有一个主语和一个谓词，有时还需要一个宾语，这是英语语法所必需的。但是，汉语表达的习惯是，当参照关系明确时，多个谓词会借用上下文中提到的共同主题，而无须逐句重复主题。因此，可以省略作为主题的人称代词。例如：

（1）The Chinese economy is no longer what it used to be.

中国经济已不是过去那个样子了。

（2）He is full of business ideas, and he always makes a lot of money.

他很有经商头脑，总能赚很多钱。

（3）The money you keep in a bank is called deposit.

存在银行的钱叫作存款。

（4）Building an aircraft carrier is no easy thing and it needs a huge amount of money.

建造航母绝非易事，需要大量资金。

当将英语人称代词用作主语时，即使第一个主语也可以从翻译中省略。例如：

（1）If you wish to be a good businessman, you must grasp every opportunity.

若做一名合格的商人，就必须抓住每个机会。

（2）You can never tell that economic globalization always has positive impact on private businesses.

很难说经济一体化一直对私营公司产生积极的影响。

（3）Wherever you go in the street, you can see there are all sorts of stores on the ground floors.

无论走到街道的哪个位置，都可以见到一楼有各种各样的店铺。

（4）Not only should a would-be businessman have business acumen, but he should also have business opportunities.

一个想做生意的人，不仅应该具备经商头脑，而且还应该遇到商机。

（二）省略作宾语的人称代词

有些代词在英语中用作宾语，无论是否被提及，在翻译中都可以省略。例如：

（1）I've received the payment for goods in cash and deposited it in the company's account.

我收到了现金货款并存入了公司账户。

（2）The prices you have offered are too high and we cannot accept them.

贵方报价过高，我方无法接受。

（3）As your products are of good quality and reasonably priced, we've decided to make a large purchase of them.

你们的产品质量上乘，价格合理，我方已决定大批购买。

（4）iPhones are very popular in China and a lot of young people use them.

苹果手机在中国深受欢迎，很多年轻人都在使用。

（三）省略物主代词

英文的所有格代词可以从中文翻译中省略。比如英文说 He washes his hands before his meals. 汉语只需说"他吃饭前洗手"，如果译成"他吃他的饭前洗他的手"则显得啰唆，也不符合汉语表达习惯。请看更多的例句：

（1）You ought to make a good investigation before your investment.

投资前应该认真考察一下。

（2）China witnessed a continuous rise in its export in 2013.

2013年，中国出口持续增长。

（3）The average American citizen eats 26,000 kilograms of grain during his or her life time.

美国人一生中平均吃掉2.6万公斤粮食。

（4）We have our routine meeting every Monday morning.

我们每个周一上午开例会。

二、省略代词it

代词it在作非人称用和表示强调时是没有意义的，汉译时往往省略。例如：

（一）非人称代词it

（1）It has been more than ten years since China joined the WTO.

中国入世已有10年时间了。

（2）I dislike it when people are late for the company's routine meeting.

我不喜欢人们参加公司例会迟到。

（3）It is a nice day today and business is brisk.

今天是个好日子，生意兴隆。

（4）It rained heavily yesterday and our goods were wet.

昨天下了很多雨，我们的货都湿了。

（二）表示强调用的it

（1）It is only short-sighted people that pursue immediate interests only.

只有没眼光的人才会追求眼前的利益。

（2）It was not until May, 2003 that Taobao.com came into being.

淘宝网直到2003年5月才诞生。

（3）It is in Nanning that the CA-EXPO is held each year.

每年的中国-东盟博览会在南宁举办。

（4）It is the US dollar that we settle international trade in.

我们结算国际贸易使用的是美元。

（三）作为先行词的 it 不能翻译，必须省略

例如：

（1）It is not decided yet when the next board meeting will be held.

还没有决定下一次董事会会议召开的时间。

（2）It is necessary to have on-job training for new recruits.

对新招聘人员进行岗位培训是有必要的。

（3）I think it impossible for us to deliver all the goods in a week.

我认为我们不可能在一周将所有的货物送达。

（4）It should be pointed out that the rising yuan will affect exporting businesses.

应该指出，人民币增值会影响出口企业。

三、省略连接词

英语句子的连接，无论是并列句还是复合句，都得靠连接词来表示句子之间的逻辑关系。然而，在汉语中，词与词之间的连词很少使用。与注重形式的英语句子相比，汉语句子大多是平行的。即使没有连词，您也可以看到句子之间的关系。上下之间的逻辑关系通常是隐式的，以字序表示。因此，在英汉翻译中不必翻译连词。也就是说，把一个用连接词合在一起的英语句子（形合）翻译成以意思合在一起的汉语句子（意合），只要意思连贯，译文里就不必出现连接词。例如："贵公司报价合理，我们就可以考虑订货。"而在英语里，前半句必须是个以 if 连接的状语从句，译成英语时应该是：

"We will consider placing an order with your company if your price offer is reasonable."

（一）省略并列连接词

并列连词表示单词、短语、从句或句子之间存在并列关系，它分为表示

平行或对等关系的连词（and, both…and…, not only…but also…）、表示转折关系的连词（but, yet, while）、表示选择关系的连词（or, either…or…, neither…nor…）和表示因果关系的连词（for）。表示平行或对等关系的并列连词 and 在翻译时有时不必译出。例如：

（1）He worked at the company's New York headquarter for two years, and then moved to the Shanghai branch office.

他在公司的纽约总部工作了两年，然后调到了上海分公司。

（2）She attended the meeting for an hour and went to meet some important business clients.

她开了一小时的会，然后去会见几位重要的商业客户。

（3）Our company does business in both import and export.

我们公司做进出口生意。

（4）We have purchased a large quantity of the new products and they sell well.

我们进货了一大批新产品，它们的销售情况很好。

（二）省略从属连词

1. 省略表示原因的连接词

在英语致使句中，一般使用连接词，而在汉语中，致使一般是先表达后语序，"因"在前，"果"在后。因此，在将英语致使句翻译成汉语时，这种连接词可以省略。

例如：

（1）Exporting businesses have suffered huge losses as the RMB has risen in value.

人民币升值，出口企业损失巨大。

（2）The prices of cosmetics are high because manufacturers add advertisement fees to product costs.

生产商把广告费用加到产品成本中，化妆品的价格变高了。

（3）The express mail had to be returned as it was not clearly addressed.

快递地址不清，只好退回。

（4）As Christmas is approaching, stores have been fully prepared.

圣诞节即将来临，商店做好了充分准备。

2.省略表示条件的连接词

表示条件的连接词 if 一般译为"如果""假如"等，但在日常汉语口语体结构中往往可以省略。例如：

（1）Telecom companies claim that they would not have suffered so much economic loss if WeChat had not come into being.

电信公司声称，没有微信的诞生，他们就不会遭受这么大的经济损失。

（2）If market demands increase, prices will also increase.

市场需求增长，价格会随之提高。

（3）If not advertised extensively, products will not be known to consumers quickly.

不大做广告，产品就不会很快为消费者所熟悉。

（4）Let me know if you need anything.

有什么需要，请告知我。

3.省略表示时间的连接词

指示时间关系的诸如 when 和 as 之类的连词通常会翻译成中文"当……时"或"……时"。但如果汉语时间先后次序明显，为了简略起见，翻译时往往省略英语的连接词。例如：

（1）Prices will rise as demands grow.

需求增长，物价上升。

（2）The copy machine will work when the button is pushed.

按下按钮，复印机就会工作。

（3）Prices for old products will be lowered when new products enter the market.

新产品进入市场，旧产品往往会降价。

四、省略冠词

冠词是汉语没有的词性。在将文章翻译成中文时，我们常常不得不考虑它。一般而言，除了具有明显含义的定冠词和具有"或"或"每"的明显含义的定冠词外，其他情况都可以省略。或者说，如果名词前不加"这、那、该"、"一个"或"每一个"等就能表达清楚意思，那么就可以省略定冠词。例如：

（1）The yearly income for an average American family was 60,000 dollars in 2013.

2013年美国家庭的平均年收入为六万美元。

（2）The US taxi driver earns 25 cents for every quarter of a mile.

美国的出租车司机每四分之一英里可赚25美分。

（3）Wall Street is the major location for US financial giants.

华尔街是美国金融巨头的主要集中地。

（4）There is a high risk for stock investments.

股票投资风险很大。

五、省略介词

介词的译法比较复杂，有的要译成汉语的动词、介词词组、定语或状语词组，有的要译成否定式或汉语的成语等。一般而言，当指示时间或地点的介词短语的副词放在句子的开头时，可以省略介词。但位于句尾时一般不能省略。例如：

（一）省略某些引导时间的介词

（1）China formerly joined the World Trade Organization on December 11, 2001.

2001年12月11日，中国正式加入世界贸易组织。

（2）In 2004, Lenovo purchased IBM's personal computer and laptop computer business for $1.25 billion.

2004年,联想以12.5亿美元收购了IBM个人电脑和笔记本电脑业务。

(二)省略某些引导地点的介词

(1) Smoking is not allowed in public places.

公共场所禁止吸烟。

(2) Christmas is celebrated in Christian countries.

基督教国家庆祝圣诞节。

(3) Tea is produced in China.

中国产茶。

(三)有些与名词搭配的介词可以省略

(1) The company is moving fast in its fund-raising.

该公司融资速度很快。

(2) The 1998 financial crisis in Southeast Asia hit Japan most, causing 10 trillion dollars in economic losses.

1998年的东南亚金融危机对日本的打击最大,造成了10万亿美元的经济损失。

(四)有些与形容词搭配的介词可以省略

例如:

The newly appointed Chief Human Resource officer, who graduated from Duke University, is good at personnel management.

新任命的人力资源总监毕业于杜克大学,擅长人员管理。

六、省略动词

汉语的特点是动词用得相对多,而英语中动词使用得相对少一些,但有时情况正相反,因此在将商务英语翻译成汉语时,也可以考虑省略某些不必要的动词。例如:

(1) When demands get low, prices may become low.

需求降低,价格就可能降低。

(2) Solids expand and contract as liquids and gases do.

像液体和气体一样,固体可以膨胀和收缩。

(3) China covers a vast territory and encompasses a large population.

中国幅员辽阔,人口众多。

第五章 商务英语句式翻译

第一节 商务英语否定句式翻译

在词汇方面,英语中表示否定的单词比中文多。根据词性,名词、代词、动词、形容词、副词、介词、连词等在含义上分为完全否定、部分否定、隐式否定和双重否定。与其他否定形式相比,在表达方式上,用词表示的内容也可以用特殊结构表示。

如何理解拒绝的含义并判断拒绝的对象?在中文中,否定词(例如"不""非"和"否")直接位于否定词或短语的前面。但是,用英语来说,谓词结构中的 not 有时不是谓语动词的否定,而是对句子其他元素的否定。在这种情况下,否定词不直接位于否定词的前面并且远离否定词,因此出现识别否定对象的问题。如果否定宾语是错误的,则整个句子的含义将是错误的,甚至含义也将被颠倒。商务英语强调强大的逻辑,对否定结构的理解必须准确无误。如果存在翻译错误,将在货物进出口贸易中造成巨大损失。在研究英语否定结构的翻译时,我们主要考虑以下几种情况:完全否定、部分否定、形式否定、隐式否定、否定转移和双重否定等。

一、完全否定

英语表示完全否定的词语有 no, not, never, none, nobody, nothing, nowhere, neither...nor... 等。一般来说,只要注意翻译中的表达,就符合现代汉语的习惯,由这些词构成的整个否定句的含义一目了然。例如:

（1）Never have we sold our products at such a low price.

我们从未以这样低的价格销售产品。

（2）Nowhere in nature is aluminum found free.

自然界不存在游离状态的铝。

二、部分否定

部分否定意味着完整句子中表达的含义或概念没有被完全否定，而是包含了部分否定和部分肯定。用在部分否定中的词语有：not every，not all，not both，not much，not many，not always 等，部分否定句式常常译成"不都……""并非"。由于文化差异和思维方式的不同，中文可以轻松地将这些句子翻译成中文的所有否定句子。

例如：Both parties did not fulfill the contract.

这句话很容易翻译为"双方均未履行合同"。其实它的含义是一方履行了合同，而另一方则没有履行，即"并非双方都履行了合同"。而中文的"双方都没有履行合同"应当翻译成"Neither of the parties fulfilled the contract."

以下是英语中常见的部分否定形式：

（一）不定代词或形容词在否定句中

all，both，each，every，everybody，everyone，everything 等代词与否定词连用不是全部否定，而表示部分否定，常常译成汉语的"不都是……""并非都"。例如：

（1）Economic sanctions do not work at all times.

经济制裁并非一直有效。

（2）The department manager does not always handle every business letter himself.

部门经理并非总是亲自处理所有商务信件。

（3）Business cards do not contain everything of a person due to limited space.

因为空间有限，名片包含的个人信息不能面面俱到。

（二）副词在否定句中

在否定句中，副词 always, wholly, entirely, completely, totally, altogether, everywhere, often, quite, enough 等与否定词连用表示部分否定。例如：

（1）European countries did not wholly join the euro zone.

并非所有欧洲国家都加入了欧元区。

（2）The OPEC countries do not wholly accept the US request for oil export increase.

欧佩克国家没有全都接受美国关于增加石油出口的请求。

hardly, scarcely, rarely, seldom, few, little 等接近完全否定的词可以表示部分否定。

（1）Transactions have seldom been made between the two parities due to a lack of sincerity on the part of company A.

由于公司 A 缺乏诚意，双方很少达成协议。

（2）Few members of the board of directors have responded positively to the acquisition offer.

几乎没有董事会成员对合并提议做出积极反应。

（三）and 引导的并列结构

当 and 引导的两个平行结构放置在否定结构中时，这意味着它的一部分被否定，而不是全部被否定。通常必须将这种情况翻译成中文"不是全部"和"不是……和……都"。例如：

（1）He is not the Chief Executive Officer and the chairman of the board.

他既不是首席执行官，也不是董事长。（是首席执行官还是董事长）

（2）I cannot take off time to work and attend classes.

我抽不出时间既工作又上课。（工作和学习我只能做一样）

（四）or 引导的并列否定结构

and 引导的两个并列结构在否定结构中的用法相当于 or 在肯定句中的含义，

但是 or 引导的并列结构在否定句中却表示完全否定，通常译成"既不……也不……"。

（1）He failed in his business as he did not take into consideration market share or cost of production.

他经营失败，原因是他既不在乎市场份额，也不在乎生产成本。

（2）He is not the Chief Executive Officer or the president of the board.

他既不是首席执行官，也不是总裁。

三、形式否定

在英语中，一些否定词与其他词形成固定的位置。该结构在表面上是负的，但实际上表达了正的含义。这种结构是形式的否定。常见的否定结构形式有：

（一）cannot…too；cannot…over；cannot…enough

这种结构不表示"不能太……"或者"不能过分地……"的意思，而表示"再怎么样或无论怎样也不为过""越……越好"，其意义是肯定的。这是因为 cannot 还含有"想办但却怎么也办不到"的意思。例如：

The importance of repeat customers cannot be overstated.

回头客的重要性不能过分强调。（必须多强调回头客的重要性。）

（二）It is a(n)＋形容词＋名词＋否定从句

这种类型的结构表示肯定，并且经常用在谚语中，译成"再……也会"。例如：

It's a good workman that never blunders.

智者千虑，必有一失。

（三）带 not 的疑问句、感叹句、陈述句

一些带有否定词 not 的疑问句、感叹词和说明性句子也没有表达肯定的含义。例如：

（1）How often have car owners not complained about the high oil prices!

有车族经常抱怨油价太高！

（2）What crimes isn't he guilty of!

他坏事做绝！（这句话也可以翻译为"他什么都不做，什么也不做。"）

（四）含 not a little，no little，not slightly 的句子

这类句子也表达积极意义，可译为"很多""非常"。例如：

（1）Manufacturers spend not a little on advertising of products.

制造商在产品广告上花了很多钱。

（2）They spare no little effort in concluding this transaction.

他们在做这笔交易上花费了很多工夫。

（五）固定词组

含有否定词而又不表示否定的固定词组有很多，常见的有 as likely as not（大概，很可能）、more often than not（往往，经常）、none the less（依然，依旧；可是；然而）。例如：

（1）The designer is old. None the less, he is quick-minded like a young man.

这位设计师虽然年纪大了，但头脑敏捷，看上去像个年轻人。

（2）He will forget all about it as likely as not.

他很可能会忘得一干二净。

（六）too...to 结构

too 后面跟 ready, apt, eager, easy, anxious, willing, inclined 等形容词时，too...to 结构不表示否定意义，这种结构中的 too 相当于 very 或 extremely 的作用。此时 to 后面的不定式不与前面的 too ＋形容词构成搭配。这种结构一般翻译成"太，非常"。例如：

The manufacturer was too eager to publicize his new product.

制造商渴望推广新产品。

另外，too...to 结构前面有时加 only, but, all 等词以加强语气，这种结构同样表示肯定意义，后面常常跟 pleased, willing, delighted, glad, happy, satisfied 等词，一般翻译成"太，非常"。例如：

（1）The sales department was only too pleased with the latest sales volume.

销售部对最近的销售额非常满意。

（2）Without this computer we are but too reliable to make miscalculations.

没有这台计算机，我们尤其容易出现计算错误的情况。

(七)not…other than

这个句式的原意是"除了……就不……"，通常表示肯定的意义，一般译成"就""只能"。例如：

（1）The Chief Financial Officer could not read the budget report other than cursorily.

预算报告太长，财务主任不能草草看一眼。

（2）A company may not keep accounting books and records other than those provided by law.

公司除法定的会计账册外，不得另立会计账册。

(八) 其他形式

（1）Don't lose time delivering the goods to our dealers.

赶快把货物送到经销商手里。

（2）The sales manager didn't half like this sales plan.

销售经理非常喜欢这个销售计划。

（3）I couldn't feel better as I have just concluded a big transaction.

我刚刚做成一大笔交易，感觉好极了。

（4）Regarding the condition of delivery，we couldn't agree with you more.

至于交货时间，我们非常同意您的意见。

（5）We can't wait to see the new chief executive officer!

我们想马上见到新的首席执行官！

四、含蓄否定

隐含否定词是指一些未与否定词结合使用的英语单词或短语，还可以表达否定词的含义。常见的含蓄否定现象包括：

（一）too＋形容词＋动词不定式

这种结构通常表达否定意义，常被译为"太……以至于不能表达"。例如：

（1）It's too good a business opportunity to miss.

如此好的商机不能错过。

（2）I was too much discouraged by the huge loss of the deal to try again.

这笔交易的巨额损失使我心灰意冷，我不想再尝试了。

（二）It is…that/who… 结构

在一些习语或谚语中，It is…that/who… 结构可以表示含蓄否定意义，一般翻译成"再怎样……也不会……""未必"。这种结构与强调句式不同。例如：

（1）It is a silly fish that is caught twice.

再蠢的鱼也不会上两次钩。

（2）It is a good divine that follows his own instructions.

能说者未必能行。

（三）but that… 与 but for…

but that… 与 but for… 表示"如果不是……的话"。例如：

But for the rain, the goods would have been delivered on time.

如果不是下雨的话，货物会按时送达的。

（四）more than… ＋含有 can 的从句

more than 后面虽然是肯定形式，却表示否定意义。例如：

（1）Don't tell him more than you can help.

能不告诉他的，就不要告诉他。

(2) Mr. Smith often has more customers than he can handle.

史密斯先生顾客很多，应接不暇。

(五) the last，the least，the limit 等

有些句子含有 the last，the least，the limit 等表示极限的词组具有否定的意义，通常翻译成"最不可能的""最不合适的"。例如：

(1) The company listed ten types of employees that executives liked the least.

该公司列出了管理人员最不喜欢的十类员工。

(2) Low-paying positions such as front-line law enforcement posts are the last things that public service candidates apply for in recent years.

近年来，低工资岗位例如一线执法岗位是最不愿意申报的公务员岗位。

(3) Young people are most welcomed by an enterprise as they are the least conservative.

年轻人在公司中非常受欢迎，因为他们不是最保守的人。

(4) The boss of the foreign-funded business often made us work overtime on weekends and even on holidays, which was the limit.

外企老板经常要我们周末甚至节假日加班，真受不了。

(六) 特定环境下的疑问句

一些疑问句的含义与特定语言环境中的字面意思相反，即隐含的否定含义，其否定语调通常是隐含的。例如：

(1) What is the good of the US anti-dumping sanctions on China?

美国对华反倾销制裁有什么好处呢？

(美国对华反倾销制裁是无济于事的。)

(2) When has his firm suffered a business slump?

他的公司何时不景气过？（他的公司从未不景气过。）

(七) 介词表示否定

英语中介词的使用非常活跃。一些介词可以表达否定含义，这些介词有

from, off, beyond, past, in, out of, against, beside, without 等。例如：

（1）The high costs brought about by the 5G communications technology are really beyond the means of ordinary consumers.

5G 通信技术带来高成本，普通消费者实在承受不起。

（2）The marketing manager is still in two minds as to the new brand strategy.

销售经理还没有决定新的品牌战略。

（3）The staff are off work today.

今天员工不上班。

（4）The Asian financial crisis is far from finished.

亚洲金融危机远没有结束。

（八）词汇表示否定

除了某些明确表示否定含义的副词和连词外，英语中的某些词汇或短语还可以表示否定含义，例如一些表示"缺陷""放弃""排除""忽略"的单词（例如不知道）在翻译成中文时通常可以翻译为否定含义，例如译成"不是、没有、未能、免受、不够、无法"等。还有某些抽象名词如 absence, ignorance, exclusion 等，以及某些形容词短语如 free of, far from, inferior to 等都可以进行否定处理。例如：

（1）These containers of the Philippines bananas were denied entry into the Chinese ports.

这些集装箱的菲律宾香蕉没有获准进入中国港口。

（2）It is impossible for small and medium-sized businesses to avoid competition with larger counterparts.

中小型企业不与大的同行企业竞争是不可能的。

（3）They expected their products to be less welcomed by Chinese consumers.

他们没有想到他们的产品那么受中国消费者青睐。

(4) A lot of real estate developers are blind to environmental destruction.

许多房地产开发商忽略了对环境的破坏。

(5) A bundle of letters had arrived for me during my absence.

我不在期间寄给我了一大堆信。

(6) We have exported our products to most Asian countries to the exclusion of Arab countries.

我们的产品向大部分亚洲国家出口过,但是没有出口给阿拉伯国家。

五、否定转移

一般来说,英语中的否定词总是出现在否定部分的前面,否定后面的部分。如果对否定的传递没有完全理解,就会导致理解和翻译上的错误。负转移通常具有以下情况:

(一)否定介词短语

(1) We have not come here for sightseeing.

我们来这里不是看风景的。

(2) The cargo did not arrive by train.

货物不是通过火车运来的。

(二)否定不定式

(1) The board of directors are not meeting to discuss the merger-acquisition proposal.

董事会不是来讨论合并提议的。

(2) One does not live to eat, but eats to live.

人活着不是为了吃,而是为了活着而吃。

(3) The young do not seem to prefer home-made cell phones.

年轻人好像不喜欢国产手机。

（三）否定从句中的谓语动词

（1）The public do not believe that permitting the renminbi to rise in value is in their fundamental interests.

公众认为允许人民币升值不符合他们的根本利益。

（2）It is unlikely that oil prices will fall this year.

今年油价可能不会下跌。

（3）I don't think you have paid for it yet.

你大概还没有付款吧。

（四）not…because

not…because 结构有时发生否定转移，有时不发生否定转移，翻译时应视具体情况而定。

a.not 否定的是主句的谓语，because 修饰主句，表示原因，此时不发生否定转移。

在这种句式中，如果 because 放在后面，前面有时用逗号隔开，翻译成汉语时一般译成"没有……，因为……"或"因为……，所以……没有"。例如：

（1）Turkey does not plan to purchase missiles from NATO, because none conforms to its requirements.

土耳其没有打算购买北约导弹，因为它们不符合其要求。

（2）Turkey has not finally decided to purchase China's HQ-9 Anti-aircraft Missiles System because both NATO and the United States oppose it.

土耳其尚没有最终决定购买中国红旗-9防空导弹，因为北约和美国反对。

b.not 属于否定转移，实质上修饰 because 从句。

主句和从句之间不需要用逗号分隔这种类型的句子模式。通常将此句子模式翻译成中文"并不是因为……而……"，或"并非因为……才……"。例如：

Airline companies didn't stop operation because of the rising oil prices.

航空公司并没有因为油价上涨而停止运营。

c. 有时 because 的前面有 just, only, merely, simply 等副词，这些副词通常将否定的范围局限在 because 引导的从句上。例如：

（1）Don't manufacture the products simply because other manufacturers are doing so.

不要只因为其他制造商在生产这种产品而生产这种产品。

（2）Many countries have so far not recognized the status of the Bitcoin merely because it is already existent in the virtual world.

许多国家并不因为比特币已经存在于虚拟世界而承认它的地位。

六、双重否定

双重否定是英语句子中的一种常见形式，即用两个否定词来表示肯定。这种句型更符合英美两国的习惯，因为他们不喜欢使用绝对肯定或否定，习惯使用比较委婉的表达方式。但是汉语中的表达比较简单，有的是完全否定，有的是部分否定，所以英语中的双重否定在翻译成汉语时就变成了一个肯定句。

（一）否定词＋表示否定意义的词

英语句子中的双重否定并非完全由两个等同的否定组成，而是由否定和表达否定含义的词或短语组成。如 no/not/never…but 就表示肯定的意思。双重否定是一种具有修辞功能的语法结构，可以强化语气，起到强调的作用。因此，翻译要清晰有力，并能减少语气，使言语更加含蓄委婉。

英语的"双重否定"结构在译成汉语时可以是两个否定词，例如译成"没有不、不会不、并不是没有、无不、没有不是、并非毫无、不得不、不能不、非……不可、未免不、未必不"等。一般来说，原文是为了加强语气，在汉译中最好处理成双重否定结构。如果这种双重否定结构不能准确地表达原文的意思或使译文冗长，则可以将其视为汉语肯定结构。例如：

（1）Successful firms go to no business battle unprepared.

成功的公司不会打毫无准备的商业战。

（2）Not a day has passed without military conflicts in the Middle East Region.

中东没有一天没有军事冲突。

（3）There is not any advantage without disadvantage.

有利必有弊。

（4）We are not reluctant to accept your offer.

我们非常愿意接受你方报盘。

（5）No rule has no exception.

任何规则都有例外。

（6）I never think of Apple products but I think of Steve Jobs.

当我想到苹果产品时，我想到了史蒂夫·乔布斯。

（7）It is a matter of no small importance.

这件事情关系重大。

(二)too…not to 和 not too…to

这两个结构都表示双重否定，通常译成"太……肯定会……""必然""不要……不……"和"不会不……"。例如：

（1）European retailers such as Metro and IKEA are too wise not to grasp China's retail market.

像麦德龙和宜家这样的欧洲零售商非常聪明，不会错过中国的零售市场。

（2）He is too sensitive not to notice the slight change in the stock prices.

他那么敏感，不会不注意到股票价格的轻微变化。

它既可以表达积极的一面，也可以表达消极的一面。例如：

（1）The Bitcoin, a digital currency that can be transferred through a computer or smart phone without the involvement of an intermediate financial supervisory institution, recently is in trouble.

比特币是一种不需第三方金融监管机构介入，便可在电脑或智能手机上进行商业交易的数字货币，最近遇到麻烦了。

（比特币是一种不需第三方金融监管机构介入，便可在电脑或智能手机上进行商业交易的数字货币，最近其处境不妙。）

（2）The secretary is new here.

这位秘书是刚来的。（这位秘书不熟悉这里的情况。）

第二节　商务英语比较句式翻译

英文和中文在结构和用法上有很大差异。在文化差异方面，英美两国通常在没有绝对肯定或否定的情况下进行相对比较，而中国习惯于最先进的形式。还有一些比较句子不能用中文反映出来。常用的比较语句结构具有以下几个方面：

一、各种比较句式的替换

从形式上看，英语中有三种比较格式：原级（A is as...as B），比较级（A is more than B）和最高级（A is most...），但实际上这些结构在形式上可以替换使用，翻译时可以灵活处理。

（一）比较级按原级翻译

比如 A is more than B（A 比 B...），这个结构可以替换成 B is not as...as A（B 不像 A 那么……），在意义上没有区别，因此翻译时可以采用原级形式来处理比较级。

例如：

Never has China seen greater economic boom than now.

中国经济从未像现在这样经历过如此迅猛的发展。

（二）原级和比较级按最高级翻译

Nothing is more important than retaining repeat customers.

留住老顾客是最重要的事情。

二、等比句式

比例句型意味着被比较的两者处于相同的情况，并且在翻译时可以按原始水平进行处理。有以下几种形式：

（一）as...as...

这个结构中的两个as后面均跟形容词，表示"既……又……""同……一样"。例如：

E-mail and videoconferencing are two highly efficient ways of communication because they are as simple as time-saving.

电子邮件和视频会议是两种高效的交流方式，因为它们既省时又简单。

（二）no more than... 和 no more...than

这两个结构意味着前者与后者相同，通常被翻译为"……与……（不）相同"。例如：

（1）Nobody with any sense expects to find the whole truth in advertisement any more than he expects a job applicant to describe his shortcomings and more serious faults.

聪明的人不会期望广告中的内容是真实的，他们也不希望求职者谈论他们的缺点和严重的缺陷。

（2）He is no more fit to be the executive secretary than I am.

他和我一样都不适合担任执行秘书工作。

（3）He received no more clients than he had expected.

他的客户数量和他预想的一样多。

（三）A is to B what C is to D，A is to B as C is to D

这种结构通常翻译成汉语的"A 对于 B，如同 C 对于 D"。例如：

（1）Capital is to the business what food is to men.

资本对企业和对人类的粮食一样重要。

（2）Market is to the product as capital is to the company.

市场对产品和公司的资本同样重要。

（四）may as well...as 和 might as well...as

这两个结构都表示"……如同……一样""……犹如……"。例如：

(1) One may as well make business transactions via the Internet at home as do business with the other party in person.

人们在家中通过Internet进行交易,就好像他们直接在彼此进行交易一样。

(2) You might as well ask for the moon as for a Ferrari.

你要一辆法拉利车,就像要天上的月亮一样。

(五)It is in(with)…as in(with)

这种结构通常翻译成汉语的"……同……一样""好比""犹如"等。例如:

(1) It is in business as in any other field that people must abide by the law.

在商业世界中,人们必须像任何领域一样遵守法律。

(2) It is with time as with the currents of water, once it goes, it never comes back again.

时间与流水一样,一旦流过就永不回来。

(3) It is in mind as in body which must be nourished by good food.

精神犹如身体一样,都需要好的食物来滋养。

(4) It is with narrow-minded people as with narrow-necked bottles; the less they have in them, the more noise they make in pouring their contents out.

心胸狭窄的人如同窄口瓶子一样,里面装的东西越少,倒出时发出的声音就越大。

(六)no less…than 和 no less than

某些no less…than结构相当于as…as…,通常翻译成"与……同样"。例如:

(1) Sufficient funding is no less necessary than good management to the normal operation of a firm.

充足的资金和良好的管理对于公司的正常运营同样重要。

(2) His mind is no less alert than yours.

他的思路和你的一样敏捷。

(3) What these deals brought home is that China, no less than the US, wants energy corridors through Asia that bypass Russia.

这些协议表明,中国同美国一样希望获得绕过俄罗斯的亚洲走廊。

no less than 是 no more than 的反义词,no more than 可翻译成"只不过",而 no less than 可翻译成"多达""无异于""相当于"。例如:

(4) The Chinese government decided to make a purchase of no less than 30 civilian aircrafts from the Boeing Company.

中国政府决定从波音公司购买多达30架民用飞机。

(5) Drunken driving and speeding are no less than suicide and killing.

酒后驾车和飙车是自杀和谋杀。

(6) The steel output of this year will be no less than 25 million tons.

今年的钢产量将多达2 500万吨。

(7) Employees made to work on legal holidays must be paid no less than 300 percent of the normal wages as compensation.

被迫在法定假日工作的员工必须被支付不低于正常工资的三倍作为补偿。

(8) The current value of one Bitcoin is no less than $35000.

当前1比特币的价值相当于35000美元。

(七)as it is

在假设句子之后的句子开头表示实际情况违反了假设。例如,可以将其翻译为"但实际上""但现在"等。例如:

(1) We hoped that business situation would go better, but as it is getting worse.

我们原指望商业形势会变得景气些,可事实上却变得更糟。

(2) If I had had enough money at the time, I would have made a larger purchase. As it is, I missed the opportunity to make money.

如果当时我有足够的钱,本可以批量购买,但实际上我没有钱,所以我失去了赚钱的机会。

当 as it is 放在句尾或名词、代词后时，表示"按现状，如实地"，可用复数形式和变化形式。例如：

（3）You have to take things as they are.

你必须接受事情的现状。

（4）He finds fault with me as I am without having anything better to suggest.

他现在把一切都归咎于我，没有给我一个好主意。

三、差比句式

差比句式就是表示"比……多"或"比……少"的句式，它们有时表示特殊的意思，有几种形式。

（一）more than

这种结构可以表示程度的改进，可以将其翻译为"不仅""非常"等。例如：

（1）His work involves more than dealing with daily office affairs.

他的工作不仅仅包括处理日常公务。

（2）The result was much more than I had imagined.

结果远远超出我的想象。

（3）My trip to Shanghai is more than attending the meeting of office managers.

我去上海不仅仅是参加业务经理会议。

（4）More than one transaction was concluded at this product promotion fair.

此次产品推介会做成的交易不止一个。

（二）more…than…

这种结构除了表示比较之外，还可以代替 rather…than…，可以翻译成"与其说……不如说……""不像……那样"。但是在英语的 more…than… 结构中，往往肯定 than 前面的部分，而在汉语的"与其说……不如说……"的结构中，往往肯定后面的"不如说……"，因此在翻译成汉语时应将 than 前后两个部分

互相交换位置。例如:

(1) He makes a better husband than father.

他不是一个好父亲,但他是一个好丈夫。

(2) He is more daring than quick-witted.

他的头脑不是那么灵活,而是他大胆而鲁莽。

(3) She was more than upset by the job interview as it was more a cross-examination than an interview.

这次求职面试使得她极其心烦意乱,因为与其说是一次面试,不如说是一次审讯。

(三)less...than

less...than 这个结构有时可以翻译成"与其说……不如说……"。例如:

(1) The child was less hurt than frightened.

一个孩子不像害怕那样受伤。

(2) I was less angry than surprised.

我不是很沮丧,但是我感到更加惊讶。

(四)not so much...as

not so much... 相当于 less than,同样可以翻译成汉语的"与其说……不如说……"。例如:

(1) The oceans do not so much divide the world as unite it.

与其说海洋把世界分开,不如说海洋把世界连接起来。

(2) The book is not written so much for the executives as for the public.

这本书不是为管理员写的,而是为普通大众写的。

(3) He got promoted not so much by his utter devotion to his work as by fawning upon his supervisor.

他对工作的出色奉献并没有像他向老板表示祝贺那样得到提拔。

(五)more than…can/could

该结构包含否定含义,是一种隐含的表达方式。例如:

(1) These houses are more expensive than low-income people can afford.

这些房屋非常昂贵,工人阶级负担不起。

(2) He has more customers than he can handle.

他顾客多得应接不暇。

(3) This is more than I can tell.

这一点我实在弄不明白。

(六)what+be+ 比较级结构

这种结构通常作为插入语,表示后者比前者"更……",常用的比较级形容词包括 more, worse, rarer, better, happier, odder, more(important, surprising, remarkable, curious, certain)等。有时候比较级前面还可以加上 even, still, much 等副词来坚强语气,有时将 what is 省略。例如:

(1) The company suffered a business slump, and what was worse, its stock prices dropped sharply.

公司生意不景气,更糟糕的是,股票价格大跌。

(2) To fulfill the task requires of us great endeavors, what is more important, selfless loyalty to our firm.

为了完成这一使命,我们需要付出巨大的努力,更重要的是,对公司的无私忠诚。

(七)as…again as

这种结构意味着前一项是后一项的两倍。例如:

(1) Every dog has his day. This year Microsoft has sold as many game machines again as SONY has.

风水轮流转动,今年微软的游戏机是索尼的两倍。

(2) I have only $200, but I need much again to buy a digital camera.

我只有200美元,但我需要400美元才能购买数码相机。

四、极比句式

极比句式就是表示"最……",除了常见的以形容词和副词 most 以及 -est 形式所构成的结构之外,还有其他一些情况。例如:

(一)nothing/no+ 比较级 +than

这种结构是最高级的一种委婉的表达方式,有时也可以用 few 或 hardly 来表示几乎相同的意思,在翻译时可译成"最……"。例如:

(1)To the businessman, nothing is more precious than time, yet nothing is less valued.

时间对于商人来说是最有价值的东西,而时间则是最有价值的东西。

(2)Few other candidates are better qualified for the job than he is.

与其他应聘者相比他最适合这份工作。

(3)Nothing is more comfortable than a well-heated apartment in winter.

冬天住在温暖的房子里会更舒适。

(4)No position is more suitable than the marketing manager for him.

对于他来讲,销售经理这个位子最合适。

(二)can/could not be+ 比较级

这种结构是委婉语的最高级形式。例如:

(1)As our company is in lack of the necessary capital, we can't be more willing to accept your cooperation.

由于缺少必要的资金,我们公司很高兴接受您的合作。

(2)You couldn't have come at a better time.

你来得正是时候。

(3)He couldn't have been more scared.

他简直害怕到了极点。

（4）The dish can't be more delicious.

这菜好吃极了。

（5）It cannot be more alarming!

这实在令人震惊！

（三）否定词+so…as…

这种结构通常翻译成"最……""没有比……更……"。例如：

（1）Nothing is so thrilling as a business trip to Europe.

去欧洲商务旅行最令人兴奋。

（2）He never looked so cheerful as when he concluded a transaction.

达成交易时，他看上去最快乐。

（四）the last

这一结构表示"最……""决不……"，而它的具体含义要视具体情况而定。例如：

（1）That company is the last one with which we will conduct business from now on due to its lack of sincerity.

由于缺乏诚信，该公司将来将不会继续开展业务。

（2）The US Chamber of Commerce are discussing a question of last importance—whether or not to extend MFN treatment to China.

美国商会正在辩论最重要的问题之一：是否扩大对中国最惠国待遇。

（3）This is the last thing in personal computer.

这是最新式的个人电脑。

五、比例句式

比较语句包括并行比较和增量比较，并且具有相对简单的结构。例如：

（一）the more…the more…

这种结构通常翻译成"越……越……"。例如：

（1）The more medical science is developed, the greater longevity people enjoy.

医学越发达,人的寿命越长。

（2）The more business trips he takes, the less excited he feels.

我旅行的次数越多,我就会感到越无聊。

（3）The less he worried, the better he worked.

他越不烦恼,工作干得就越好。

（4）The more he flatters the boss, the less the boss likes him.

他越奉承上司,上司就越不喜欢他。

（二）more...more...

这种结构通常翻译成"越……越……"。例如：

（1）More haste, less speed.

欲速则不达。

（2）When there is more investment risk, we should be more courageous.

投资风险越大,我们就必须越勇敢。

（三）(ever)+ 比较级 +and+ 比较级

这种结构通常翻译成"日益……"。例如：

（1）China is growing ever richer and stronger.

中国正在日益富强。

（2）His face has turned ever thinner and paler.

他的脸近来日渐消瘦和苍白。

六、择比句式

择比句式就是在两种选项中选择一个,通常翻译成"与其……不如……""宁可……也不……""喜欢……不愿……"等。例如：

（1）Better do nothing than do a poor job.

与其干不好，不如不干。

（2）Generally speaking, young Chinese have a strong preference for Apple products to other brands.

一般来说，大多数中国年轻人特别喜欢苹果产品，不喜欢其他品牌。

（3）He prefers to send messages rather than make phone calls.

他喜欢发信息，不喜欢打电话。

（4）I would try hard to retain old clients sooner than find new ones.

您试图保留旧客户，而不是寻找新客户。

（5）He would sooner resign than transfer to Detroit.

他宁可辞职也不愿调往底特律。

七、介词表示比较

在英语句子中，除了形容词和副词通常可以用来进行比较之外，部分介词也可以用来表示比较关系。例如：

1. 表示数量多少、质量优劣、程度高低等的比较

某些形容词可以按照比较级去翻译，这些形容词包括 above, before, behind, below, beyond, over, under 等。例如：

（1）It is not strange at all that he values wealth above health.

他比健康更重视财富也就不足为奇了。

（2）Learn to walk before you run.

先学走，后学跑。

（3）The flight was half an hour behind the schedule.

航班比预定时间晚半小时。

（二）表示对比、对照的介词

表示对比和对照含义的介词通常有 beside, against, for, to 等。例如：

（1）My share seems small beside yours.

我的这份与你的相比似乎少了些。

（2）We have made two hundred forty business deals this year as against one hundred forty last year.

今年我们完成了240笔交易，但去年只有140笔交易。

（3）The marketing manager he hires looks young for her age.

他雇用的营销经理看起来比实际年龄年轻。

（4）Imported products are superior in quality to domestic products.

进口产品比国产品质量要好。

八、其他表达方法

（一）单数名词+of+同一名词复数

这种结构可以翻译成"最……""是……当中的佼佼者"。例如：

（1）As we know, qualified personnel are the treasure of treasures to a corporation.

众所周知，对公司来说人才是宝中之宝。

（2）She is the beauty of beauties.

她是个举世无双的美女。（她是个绝代佳人。）

（二)more+形容词+than+the+同一形容词构成的名词

这种结构可以翻译成"最……""是……当中最……"。例如：

（1）Foreign currency is more valuable than the valuables in foreign trade.

外汇在对外贸易中无比贵重。

（2）John is more English than the English.

约翰是个最地道的英国人。

第三节　商务英语定语从句的翻译

定语从句在商务英语中也是比较常见的句式，在翻译过程中准确处理好定语从句会使译文的表达通顺易懂，从而达到交流的目的。定语从句的翻译取决于具体情况。一般来说，限制性定语从句可以是介词，只要译文朗朗上口，不会造成误解，因为它限制了主语句，影响主语句的完整性。然而，在实践中，由于中文中的短句比英语中的使用更为普遍，因此英语中的限制性定语从句常常被翻译成与主句平行的句子，而非限制性定语从句则可以被平行翻译成独立的句子。

一、限定性定语从句的翻译

（一）前置法

英语中的限制性定语从句被翻译成定语结构，定语前加"的"字，使英语复句成为汉语中的一个单句。例如：

（1）Fund-raising is a difficult problem for small and medium-sized businesses which must be dealt with urgently.

中小企业融资是一个必须迫切解决的难题。

（2）In the archives room where corporate files are kept, a specific person must take charge.

存放公司文件的档案室必须有专人负责。

（3）All vehicles that are on display at the car exhibition have caught much attention.

汽车展销会上展示的所有车辆都非常吸引眼球。

（二）后置法

上述方法大多适用于限制性定语从句，但一般用于处理相对简单的英语定语从句。如果从句结构复杂，则该句子将太长而无法翻译成中文介词属性，这不符合中文习惯，必须在中文平行从句中进行处理。

（1）翻译成平行从句，重复英语的先行词。例如：

The managing director received a letter from her that announced her resignation.

总经理收到了她的一封信，说她将辞职。

（2）译为平行从句，省略了英语的背景。例如：

1）The councilors of São Paulo, Brazil's biggest city passed a law that banned billboards last September.

去年9月，巴西最大城市圣保罗的议员们通过一项法律，禁止户外广告牌。

2）They proposed a new method by which production has now been rapidly increased.

他们提出了一种新方法，运用之后总产量已经得到迅速提高。

（三）融合法

融合法包括将主语句子和定语从句合并为一个单独的句子。由于有限属性条款和主要条款紧密联系，因此融合法更适合于有限属性条款的翻译。

（1）英语中的 there be 结构在翻译成中文时经常采用这种方法，即删除了相对代词。例如：

1）Fortunately there is the China-ASEAN Free Trade Agreement that has made possible the integration of trade in the ASEAN region.

值得庆幸的是，中国-东盟自贸协定使得东盟地区贸易一体化成为可能。

2）The global economy that boomed in the 1960s simply stopped growing in the early 1980s.

世界经济在20世纪60年代蓬勃发展，但在80年代停止增长。

3）There are some firms like Prudential-Bache Securities Inc. which once hoped to ride out the downturn by paring unprofitable businesses but are now abandoning lines they once viewed as essential, like investment banking.

一些公司，例如保诚－贝奇证券，曾希望通过逐步淘汰其非营利业务来度过衰退，而现在却放弃了贸易融资和他们认为必要的其他业务。

（2）英文中的一些归因条款强调了归因条款的内容。将英语主语句子翻译成中文后，可以将其压缩为汉语名词短语，定语句子可以处理为谓语，即主语句子的主题可以处理为属性，宾语或主语谓语可以被加工成中文名词，使之具有定语性，定语从句的谓语和主语（被处理主语）的压缩结构形成主语—谓语的关系。例如：

1）Americans use products which are almost manufactured in China.

美国人使用的产品几乎都产自中国。

2）Japan is a country that depends heavily on imported resources to survive.

日本这个国家必须大量依靠资源进口才能生存下去。

二、非限定性定语从句的翻译

非限制性归属条款对前述各项没有限制作用，仅是说明或解释。有很多方法可以翻译这种结构。例如：

（一）前置法

英文中的一些简短、描述性、非限制性定语从句可以在修饰语之前翻译成汉语介词属性。例如：

His firm, which has suffered from a business slump for three years, now starts all over again.

他的公司已经陷入低迷三年了，现在已经恢复了。

（二）后置法

（1）译成并列分句。在翻译中，应将原语从句放回原处，并重复英语关系代词的意义。例如：

1）This proposal could boost Japanese firms, which helped commercialize LED technology but now struggle against low-cost makers in other countries.

这项建议可能会促进日本企业的发展，日本企业帮助了将发光二极管技术商业化，但是现在却在为反对其他国家的低成本制造商而斗争。

2）The past decade has seen the publication of many good children's books, some of which have been made into films that have in turn led to increased sales of classics such as *The Lord of the Rings* and so forth.

过去的十年中出版了很多优秀儿童书籍，其中一些书籍被拍成电影，而这些电影又带动一些像《魔戒》这样的经典作品的销售。

3）We all know Peter Johnson of ABC Company, who is an innovative business executive.

我们都熟悉ABC公司的彼得·约翰逊，他是个富有创新能力的企业高管。

4）The training program is aimed at new recruits, who receive four hours of on-job training every workday.

这项培训计划是针对新招募的员工，这些新员工每个工作日接受四个小时的在岗培训。

（2）在翻译中，应将原文中的分句置于后面，省略英语关系代词的意义。例如：

1）Wal-Mart has announced it will hold sales on most commodities, which will last half a month until Christmas ends.

沃尔玛宣布将对大部分商品实行促销，持续半个月，直到圣诞节结束。

2）The KMPC Foundation is a charity organization, which has been paying for Reading Recovery in some schools over the years.

KMPC基金会是一家慈善组织，这些年一直在资助一些学校的阅读能力恢复计划。

译成汉语的独立句。例如：

1）The president had talked to the Commerce Secretary, who assured him that everything that could be done would be done.

总统与商务部长谈过话。商务部长向总统保证，无论他能做什么，他都会尽力而为。

2）I hope your success, which is an inspiration to me, will continue.

你的成功鼓舞了我。我希望你能继续成功。

三、分述翻译法

不管是有限归因条款的翻译还是非限制性归因条款的翻译，都有一个普遍现象。也就是说，主语和谓语分为两个句子进行翻译。叙事方法有几种形式：

还原关系代词就是将关系代词翻译成它所指的先行词或重复先行词。例如：

（1）Bill Gates founded Microsoft in the 1970s together with Paul Allen who left the company in 1983.

20世纪70年代，比尔·盖茨与保罗·艾伦共同创立了微软公司，保罗·艾伦于1983年离开了公司。

（2）All decisions are made by the board of directors who are a small number of people of a firm with absolute authority.

所有的决策都是由董事会做出的，董事会是公司有绝对权威的少数人。

简化或概括先行词。例如：

（1）I received the impression of a brutal, clever, competent man who, in business matters, at all events, would be pitiless.

我对这个人的印象是他既残忍又能干。不管怎样，这种人在生意上没有偏爱。

（2）Like all dictators he was carried away by power, which, as it inevitably must, corrupted him, corroding his mind and poisoning his judgment.

像所有的独裁者一样，他被权力蒙蔽了双眼，这不可避免地导致了他的垮台，他的心脏受到侵蚀，他的判断力受到损害。

主从糅合，重新组合。例如：

（1）In smaller companies where employees are small in number, business decisions are usually reached more quickly and directly than in bigger ones.

小公司的员工人数少，决策的做出通常比大公司快而直接。

（2）In China where western festivals such as Christmas and Valentine's Day are not its traditional holidays, people have been celebrating them over the past years mainly for commercial reasons.

在中国，诸如圣诞节和情人节这样的西方节日不是它的传统节日，但在过去的很多年里人们一直在庆祝它们，主要是出自商业原因。

（3）PM2.5 does present a big problem for the world as well as for China, which has led to many international discussions and attempts to solve it.

PM2.5不仅对中国而且对全世界都是一个严重问题。国际上已经对此进行过多次讨论并尝试去解决。

四、带有状语功能的定语从句的翻译方法

在英语句子中，一些定语从句同时具有状语功能。从这个意义上讲，它们与文本具有副词关系，表示原因、结果、目的、让步、假设等之间的关系。在翻译定语从句时，一定要善于从原始文本中找到这些逻辑关系，然后将它们翻译成相应的中文复杂的正面偏句。例如：

原因定语从句的翻译。这类逻辑关系通常可以译成"因为、由于、是因为、是由于"等。例如：

（1）We do not place any order with that company whose delivery is never prompt.

我们不跟那家公司订货，因为他们从不及时发货。

（2）None in the company likes the new foreman, who is always scolding employees.

公司没人喜欢这个新来的工头，因为他总是谩骂员工。

（3）Sweeteners, which do not contain sugar, can go with coffee for those with diabetes.

甜味剂由于不含糖分，对于患糖尿病的人来说可以与咖啡一起用。

结果定语从句的翻译。这类逻辑关系通常可以译成"所以、因此、因而、以致、从而、使得"等。例如：

（1）There was something original, independent, and heroic about the plan that pleased all of the directors of the board.

方案大胆、独特、富有创意，导演们非常满意。

（2）ASEAN has established the world's largest free trade area under the FTA framework, which has paved the way for intraregional trade.

东盟依据自贸协定框架建立了世界上最大的自贸区，从而铺平了区域内贸易的道路。

（3）The two countries are at dispute over territorial ownership, which has greatly affected trade between them.

两国因领土归属问题产生争端，因而大大地影响了它们之间的贸易。

表示"让步"的定语从句的翻译。这类逻辑关系通常可以译成"虽然（虽、虽是、虽说、尽管）……但是（可是、然而、却、也、还、而）""可、可是、却、只是、不过、倒"等。例如：

（1）The marketing manager, who thought my plan might not work, agreed to give it a try.

尽管市场部经理认为我的计划可能行不通，但还是同意试试我的计划。

（2）The new assistant, who has no previous experience, proves to be both competent and qualified.

虽然新助手没有工作经验，但事实证明其既有能力又能胜任。

表示"目的"的定语从句的翻译。这类逻辑关系通常可以译成"以、以便、用以、借以、好让、为的是、以免、免得、省得、以防"等。例如：

（1）They have established an economic management college here, where students will be trained to become future business executives.

他们在这里新建立了一所经济管理学院，以培养未来企业管理人才。

（2）Hewlett-Packard, which wanted to become the biggest laptop supplier in the world, acquired Compaq for $25 billion.

为了成为世界笔记本电脑第一供应商，惠普公司以250亿美元的价格收购了康柏公司。

（3）Office staff of the company compile data and other information, which tell the managers or business heads what is happening in the organization.

公司办公室工作人员将数据和其他信息进行汇编，以便经理或业务主管了解机构内所发生的事情。

"条件、假设"定语从句的翻译。这类逻辑关系通常可以译成"就、那就、那么、那、则、便、……的话、也、还""如果（假设、假如、假若、假使、倘若、倘使、要是、若是、若、万一）……就（那就、那么、那、则）"等。例如：

（1）Men become desperate for work, any work, which will help them to keep alive their family.

人们渴望工作，无论他们从事什么工作，只要他们能维持家庭生活即可。

（2）Those who are in favor of the decision of the board please raise your hands.

如果赞成董事会决定，就请举手表决。

（3）A new product, which has nice packing, good quality and much advertising, may become a best-seller in the market.

一种新产品，只要包装精美，质量过硬，宣传得力，就能在市场上畅销。

五、分离式定语从句翻译方法

在英语的句子中，定语从句通常是紧紧跟在被修饰的中心词的后面，但是在某些情况下，定语从句和中心词被其他成分隔开，形成分离式定语从句。其具体形式如下：

（一）中心词＋形容词短语＋定语从句

有时，句子的主词和定语从句用形容词短语隔开。在翻译中，通常采用"定语从句＋形容词短语＋主词"的结构，即原文顺序完全颠倒。例如：

GT P6200 good for making phone calls and surfing on the Internet that is produced by Samsung has gone out of production.

三星公司生产的适用于打电话和上网的 GT P6200 已经停产。

（二）中心词＋介词短语＋定语从句

有时，主词和定语从句被介词短语（如副词）分隔开。在翻译中，介词短语通常作为副词放在主词的前面。如果从句的长度不长，则可以将其放在主词的前面；如果从句的长度太长，则可以将其放在主词的后面。例如：

（1）There are quite a number of young aggressive employees in the company who have obtained an MBA degree by studying in their spare time.

在该公司有许多进取心很强的年轻员工，他们通过业余时间的学习已经获得了工商管理硕士学位。

（2）There are times during a negotiation when one of the parties will suddenly leave the table and then the talks will collapse.

在谈判过程中，有时其中一方突然退出，谈判失败。

（三）中心词＋两个定语从句

有时两个定语从句出现在主词后面作为修饰语。通常紧接在主词后面的定语从句会比较短，而第二个定语从句会比较长。在翻译中，第一个定语从句必须放在主词之前。至于第二个定语从句，如果比较短，也可以放在第一个单词的前面（只要汉语流利），否则第二个定语从句可以翻译成复合句。例如：

（1）He is the first customer I have had who has become my loyal client now.

他是我（所拥有）的第一个客户，现在已经成为我的忠实客户。

（2）Hong Kong is the only place we find in Asia that is free of both import and export duties.

香港是亚洲唯一没有进出口关税的地方。

（四）中心词＋谓语＋定语从句（同位语从句）

在这种结构中，属性从句与主题紧密相关。但是，由于定语从句（apposition 从句）太长，因此修改主语的定语从句（apposition 从句）通常放在主词＋谓词之后，远离主词，以避免句子太重。如果它是定语从句，则必须将其翻译为主要单词的属性；如果它是 apposition 从句，通常先翻译谓词部分，然后翻译主词，再翻译 apposition 从句。例如：

（1）All is well that ends well.

结果好，一切都好。

（2）A message came to me that the freight would arrive within three days.

我接到通知，货物将于三日内到达。

（五）中心词＋其他成分＋定语从句

此结构中的定语从句与主题关系不大。它只是补充或解释中心词。它被其他元素隔开，尤其是谓词部分。在翻译中，如果主语也是定语从句的逻辑主语，则将其翻译成协调的句子，然后将其先行词归纳；如果定语从句有自己的主语，则将其翻译成单独的句子。例如：

Great changes have taken place in China's economy in just a few years that have aroused world attention.

仅在最近几年，中国经济就发生了巨大变化，引起了全球关注。

（六）中心词＋插入语＋定语从句

有时，句子的中心词和定语从句用括号隔开，这在整个句子的解释中起着另外的作用。在翻译此结构时，我们可以在句子的开头或后面加上括号，在句子的开头加上定语从句，翻译成平行句子或独立句子，然后重复前面的句子。例如：

（1）We ought to put this on the agenda, in conclusion, which must be carried out in three weeks.

简而言之，我们应将其列入议程，并应在三周内实施。

（2）We should strengthen our ties with them, on the contrary, who will be very helpful to our economic constructions.

相反，我们也必须加强与它们的联系，因为它们对我们的经济建设有很大的帮助。

第四节　商务英语被动句式的翻译

语态是动词的一种形式，用于描述主语动词和谓词动词之间的关系。用英语有两种语态：主动语态和被动语态。主动语音表示主体是动作的执行者，被动语态表示主体是动作的接收者。被动语态是动词的一种特殊形式，一般说来，只有需要动作对象的及物动词才有被动语态。英语和汉语都有被动语态，但两种语言中被动语态的使用是不同的。

英语常用被动语态来表达相同的意思，而汉语常用主动语态。例如：Our company is kept strong by thriving business. 如果这句话译成"我们公司被繁荣的生意保持得强大"，这显然不符合汉语习惯；如果译成"繁荣的生意使得我们公司强大"，则符合汉语习惯。

再比如：

（1）Has the money been counted?

钱数过了吗？

（2）Where can you be reached?

在什么地方可以找到您？

（3）When will I be interviewed?

我什么时候来参加面试？

（4）Attention has been paid to the special way of handling the trade dispute.

处理这一贸易争端的特殊方式引起了人们的关注。

（5）We have been warned to be careful of rats.

他们已提醒我们要注意老鼠。

（6）Our team is joined by two returnees.

两名"海归"加入了我们团队。

比较而言，英语的被动句多于汉语，其原因比较简单。英语有表示"主语和谓语动词之间处于被动关系的固定格式"，即主语+be+动词的过去分词。

这种格式非常稳定,非常明确。如果说话者要指出施动者,则只需在该结构后面加上 by 引导的短语。

被动语态之所以在英语中被广泛使用,是因为英语侧重于事物,而汉语侧重于动作的发送者。汉语在形式上是一门薄弱的语言。虽然我们用"被"来表示被动性,但在大多数情况下,我们并不坚持主谓关系。因此,通常使用主动形式。例如,我们通常说:"人不可貌相,海水不可斗量",但是我们从不说"你不能看着人民,你不能称重大海",因为我们知道行动的执行者是一个人。如果按字面直译成英文,则是 As a person cannot be judged by his appearance, so can the sea not be measured with a bushel。自古以来,讲汉语的人就有一种思维方式,认为做东西的一定是人,所以主体往往表现为人。如果动作执行者很清楚,有时可以省略主语,比如"它来了吗?"被动语态广泛用于英语,尤其是技术英语和商务英语。因此,在翻译成中文时,通常会根据中国人的习惯将它们加工成主动句,但有些保留被动语态。通用翻译方法有三种:一种是主动形式,一种是被动形式,第三种是特殊结构。

一、译成汉语的主动式

(一)保留原文中的主语

在将被动语态翻译成中文时,有时原始文本的主语仍可以翻译成中文,即"主语 + 动词"形式。例如:

(1) Has the message been received?

信已经收到了吗?

(2) Visitors are requested to come by appointment.

来访者请提前预约。

(3) The prices for the commodities have been set.

商品价格已经定下来了。

(4) He was told that he failed in the civil service exams.

他得知自己没有通过公务员考试。

（二）将原文中的主语转译成宾语，增译主语

有时，原始文本的主体可以转换为对象。如果原句中没有主语，必要时可以在译文中加上相应的主语，如"人，一些人，每个人，我们，每个人"等词语作为主语笼统引用。例如：

（1）An MBA degree is generally considered to be one of the important requirements for the corporate position.

通常，认为MBA学位是填补该公司职位的条件之一。

（2）Different views were expressed at the company's financial meeting.

在公司的财务会议上，大家各抒己见。

（3）With the advent of the WeChat, messages can be transmitted to anywhere in the world via mobile phones.

随着微信的诞生，人们能够通过手机把信息传送到世界任何地方。

（三）将原文中的地点状语转译成主语

（1）The fax machine was invented in France in late 1907.

法国于1907年末发明了传真机。

（2）The CA-Expo is held every autumn in China's Guangxi zhuang Autonomous Region between China and ASEAN countries.

中国与东盟国家每年秋季都在中国广西壮族自治区举办中国—东盟博览会。

（3）Good trade partnership has been maintained between China and the United States for a long time.

中国和美国长期以来保持着良好的贸易伙伴关系。

（4）Video conferencing is used for live meetings in many companies to cut costs.

许多公司都采用视频会议来节省成本。

(5) When was paper money used in China?

中国什么时候开始使用纸币?

(四)把施动者译成主语

(1) A certain amount of fee is charged by the bank for inter-bank transfer service.

银行对于跨行转账服务要收取一定费用。

(2) A new way of communication has been brought about by WeChat.

微信带来了一种新的交流方式。

(五)译成无主句

英语中的被动句有时由于某种原因不能反映施事,但句子中不能没有主语,所以以受事为主语。这个问题在中文中不存在,因为没有中文主体。因此,在翻译这类句子时,往往将原文中"受事+动词"的顺序颠倒为"动词+受事",将原文视为无主语的汉语句子,由被动句变为主动句。例如:

Credit card, a new means of payment, has been developed since 1915.

1915年以来产生了信用卡这种新的付款方式。

(六)主语和谓语合译

英语中的一些惯用动词包含名词。当它们变成被动语态时,就可以把它们和所匹配的动词一起翻译成谓语,整个句子就可以翻译成不带主语的汉语句子。例如:

(1) A good analysis was made of the obstacles of non-governmental funds entering the railway sector.

充分分析了民间资本进入铁路的障碍。

(2) Payment can be made of the goods by means of telegraphic transfer.

可以通过电汇方式支付这批货款。

(七)译成带表语的主动句

有时,英语句子不应强调动作本身,而应强调与动作有关的一些特定情况,例如时间、地点和方法。换句话说，该句子强调动作的静态而非动态。我们可以把这种句型放在"受事是动词"的框架中。例如：

（1）The decision to purchase HQ-9 air defense missiles from China was not made lightly by the Turkish government.

土耳其从中国购买"红旗9"防空导弹的决定并非轻描淡写。

（2）The CA-Expo was officially proposed by the then Chinese premier Wen Jiabao.

中国—东盟博览会是由时任中国总理温家宝正式提出来的。

（八）以 it 为形式主语的被动句的翻译

有些以 it 为主要形式的一些被动句子，当将其翻译成中文时，通常必须转换为主动形式。有时翻译不需要添加主体，而有时翻译则需要添加一些不确定的主体，例如"每个人，某人，我们"等，或将其视为单独的句子。例如：

（1）It should be said that the appreciation of the Renminbi has had a great impact on Chinese economy.

应该说，人民币升值对中国经济有很大的影响。

（2）It must be pointed out that the country concerned will suffer huge economic losses if it remains unchanged in attitude.

必须指出，有关国家如果态度始终不转变的话将遭受巨大经济损失。

（3）It is estimated that trading volume via E-commerce will reach 1.74 trillion yuan RMB by the end of 2013.

据估计，截止到2013年年底，电子商务交易额将达到1.74万亿元人民币。

（4）It is believed that domestic brand mobile phones will have more competitive edge in the future.

人们相信，国产品牌手机在未来将有更大的竞争优势。

（5）It is hoped that your prices can be lowered even more.

希望你们的价格能够降低更多。

这一类表达形式包括：

①不加主语

- It may be safely said that… 可以有把握地说……
- It can be clearly seen that… 可以清楚地看到……
- It should be noted that… 应该指出……
- It can be foreseen that… 可以预料……
- It was so decided that… 就此决定……
- It was made beyond any doubt that… 毫无疑问……
- It has been proved that… 已经证明……
- It will be seen from this that… 由此可见……
- It must be stressed that… 必须强调……
- It has been calculated that… 据计算……
- It is hoped that… 希望……
- It must be realized that… 必须认识到……
- It can not be denied that… 不可否认……
- It has been found that… 已经发现……；实践证明……
- It must be kept in mind that… 必须牢记……

②可以加主语，译成"人们，有人，我们，大家"等

- It is asserted that… 有人主张……
- It is believed that… 有人相信……
- It is generally considered that… 人们普遍认为……
- It is well known that… 大家知道；众所周知
- It will be said that… 有人会说……
- It was told that… 有人曾经说……
- It is felt that… 人们感到……

- It is understood that... 人们明白……

- It is objected that... 有人反对……

- It is claimed that... 有人声称……

- It is generally accepted that... 大家公认……

- It is alleged that... 有人断言……

二、译成汉语的被动式

现代汉语中也有用被动形式来表达的情况，所以根据具体情况也可以把英语的被动句式翻译成汉语的被动句式，有时也可以借用汉语的某些结构，即"受事者—被施事者—动词"。例如：

当句中不出现行为主体时，有时使用"被……""给……"等表示被动意义。例如：

（1）Two Chinese TV stations have been banned from broadcasting commercials for seven days as a penalty for violating relevant regulations set forth by the State Administration of Radio, Film and Television.

因违反广电总局制定的相关规定，中国的两家电视台被禁止播出商业广告七天，作为惩罚。

（2）A foreign cargo ship carrying contraband goods were denied entry into the Brazilian port.

一艘运载违禁品的外国货船被拒绝进入巴西港。

译为"遭受、遭到、受到、得到、受、挨、叫、获得"等表示被动意义。例如：

（1）Sales of Samsung's mobile phones have not been hit by its defect in embedded MultiMedia Card design.

三星手机的销售并没有因多媒体储存卡设计缺陷而遭受重创。

（2）A cargo ship from Taiwan was intercepted by a group of Somali pirates on the high sea.

台湾的一艘货轮在公海遭到了一伙索马里海盗的拦截。

（3）The 4th Generation Mobile Communication System has been approved by the Ministry of Industry and Information Technology, and Xiangyang, Hubei is lucky to be selected as the first pilot city.

4G移动通信系统已获得工信部批准。湖北襄阳有幸被选为第一个试点城市。

译为"为……所"表示被动意义。例如：

（1）WeChat as a new means of mobile communication is more economical than traditional short messages and has now been accepted by a large number of young people.

作为一种新的手机交流方式，微信比传统的短信划算，现在已为许多年轻人所接受。

（2）His firm was ruined by leakage of trade secrets.

他的公司为商业泄密所毁。

三、译成汉语的特殊结构

译成汉语的"把……"或"将……"字结构，即"施事者—把—受事者—动词—补语"。例如：

（1）In 1962 Sam Walton established Wal-Mart Stores, Inc, which is an American worldwide chain business, with the idea that goods can be sold more cheaply.

1962年，山姆·沃尔顿建立了沃尔玛公司，这是一家美国的世界性连锁企业，宗旨是把商品卖得便宜些。

（2）If the price can be lowered even more, the amount of purchase can go up even higher.

如果能把价格降得更低的话，购买量会增加得更多。

译成汉语的"是由……的""是让……的""是给……的"等结构。例如：

（1）Shanghai Povos Enterprise Group Co, a Chinese home appliance maker, was acquired by Royal Philips Electronics NV for $355 million.

中国家用电器制造商上海奔腾电器有限公司是由荷兰皇家飞利浦电子公司以3.55亿美元收购的。

（2）The Gates Foundation, the largest foundation in the world, is controlled by three trustees.

盖茨基金会是世界上最大的基金会，是由三名受托管理人掌管的。

（3）Approximately 80% of the air-conditioners in the world today are manufactured in China.

今天全世界约80%的空调机是由中国生产的。

译成汉语的"予以""加以"等结构。例如：

（1）Trade talks should be conducted on a win-win basis.

贸易洽谈应该在双赢的基础上予以进行。

（2）Marketing strategies should be adjusted according to specific market situations.

营销战略应该根据具体市场情况加以调整。

（3）It seems that the problem of the rising RMB is hard to be controlled.

人民币增值问题似乎很难加以控制。

译成汉语的"用……""拿……""靠……"等结构。例如：

（1）International trade is settled in US dollars.

国际贸易是用美元结算的。

（2）The goods were transported by boats.

这批货物是用船运输的。

四、英语不表示施动关系的by的翻译

如果后面跟着英语介词by的成分表示无生命的事物，则有时它不是一般意义上的主语，而是原因，可以将其翻译为"由于，因此，因"等。例如：

Our excitement was intensified by the knowledge that the acquisition offer had been approved by the board of directors of ABC Company.

由于知道收购条件已经获得 ABC 公司董事会批准,我们异常兴奋。

五、英语中表示被动意义的名词性短语的翻译

名词性短语一般是指由修饰语和中心词构成的名词性主从结构,这类短语容易产生歧义,有时表示主动,有时从逻辑上来看它们表示一般的被动句式所具有的被动意义,中心词和修饰语之间实际上是动作和动作对象之间的关系。它的结构有两种:①所有格或物主代词+动作名词;②动作名词+介词+名词或人称代词宾格。在这个结构中,动作名词是中心词,意思是所做的动作,所有格或介词宾语是主语。例如:

(1) Your assistance is requested.

请您给予协助。(主动)

(2) Their team came to our assistance.

他们的团队来协助我们了。(被动)

(3) He asked the boss for his promotion.

他要求上司给自己提拔。(被动)

(4) Lenovo is considering the purchase of Motorola's cell phone business for $2.9 billion.

联想正在考虑以 29 亿美元收购摩托罗拉手机业务。(被动)

(5) Chrysler announced the recall of 4,783 Compass and Patriot cars in 2012.

2012 年,克莱斯勒宣布召回 4,783 辆指南针和爱国者汽车汽车。(被动)

(6) The scholar's comment on the financial situation received good review in the newspaper.

这位学者对金融形势的评论受到了报纸的好评。(主动)

(7) The report's release provoked much criticism.

这份报告一经公布就激起了众多批评。(被动)

(8) Our company has decided to sue them for their breach of contract.

我们公司已决定对他们的违约进行起诉。(主动)

六、英语中表示被动意义的介词短语的翻译

除了上面提到的被动情况外，还有一些英语介词在与表达动作的名词一起使用时可以表达被动含义。这些介词包括 beyond，under，in，in the course of，on，beneath，out of，past，for，at，above，within 等。例如：

（1）A large number of home-made cars are on show at the exhibition center.

展览中心展出了许多国产汽车。

（2）The new iPhone 6S will be on sale in September.

新的苹果 6S 将于 9 月销售。

（3）A new sales promotion plan is under consideration.

正在酝酿新的促销计划。

（4）The conference and exhibition center is in the course of construction.

会展中心正在建设之中。

（5）The rumor of the bank's bankruptcy is beyond belief.

有关银行倒闭的谣言不可信。

（6）His inquiry is beneath notice.

他的询问不值得理睬。

（7）The photocopier has been out of use for a long time.

这台复印机很久没有被使用了。

（8）His question is past comprehension.

他的问题让人弄不懂。

（9）The two companies are in the possession of Mr. John Smith.

这两家公司被约翰·史密斯先生所拥有。

（10）These samples are for display, not for sale.

这些样品只供展销，不供销售。

（11）This problem is at your disposal.

这个问题由你来处理。

（12）The falsification of the account was made so real that it was above suspicion.

假账做得太真了，以至于没有受到怀疑。

（13）The company's headquarter is within sight now.

公司总部现在已经能够看得到了。

第六章 数字时代商务英语翻译教学有效方法及实践

第一节 翻转课堂在翻译教学中的应用

翻转课堂模式在大学商务英语翻译教学中的应用，颠覆了传统的教师和学生在课堂中的地位，增加了学生之间以及教师同学间的互动，促进了师生间的交流，具有很强的现实意义。在这种教学模式下，课前知识的讲授能够有效地解决课堂教学时限的问题，可以拓展教学时间，同时能够让学生有充足的思考时间。课堂上探究合作式的学习模式能有效地提高学生的沟通、表达能力，也有利于其思辨思维的培养。课后知识的巩固与拓展也可以帮助学生及时消化课堂教学内容，为下一阶段的学习做好准备。翻转课堂模式在大学商务英语翻译教学中的应用是一种有意义的尝试和探索，这种教学模式改变了商务英语翻译课传统的授课方式，对教师和学生的角色进行了翻转，促进了师生间的交流，从而使学生学习的积极性、主动性、创造性和独立性得到了更好的发挥，培养了学生自主学习的能力。除此之外，这种翻转课堂的模式也提高了商务英语翻译教学的质量和效果，有效地提升了学生的实际翻译能力，使学生能够满足社会工作的需求。

一、翻转课堂简述

翻转课堂，又称"颠倒课堂"，是在信息化环境中，课程教师提供以教学视频为主要形式的学习资源，学生在上课前完成对教学视频等学习资源的观看和学习，师生在课堂上一起完成作业答疑、协作探究和互动交流等活动的一种新型教学模式。从国内外学者对翻转课堂的解读发现，其内涵体现在宏观和微观两个角度。宏观角度界定了翻转课堂的理论内涵——翻转课堂是知识传授和知识内化的翻转；微观角度界定了翻转课堂的过程内涵——翻转课堂是学生课前学习教师制作的视频、课堂上教师答疑、师生互动交流和学生完成作业的一种教学形态。

"翻转课堂"起源于美国科罗拉多州落基山的林地公园高中。2007年春，该校化学教师乔纳森·伯尔曼和亚伦·萨姆斯为解决学生经常因为天气或路途遥远等原因不能按时到校上课而落下很多课程，以至跟不上教师上课步调的问题，开始使用录屏软件录制 PowerPoint 演示文稿的操作过程以及教师讲课的声音，并将视频上传到网络，借此帮助不能按时上课的学生。而真正引起国内教育研究者关注翻转课堂的原因，则是 2011 年可汗学院发起人萨尔曼·可汗在 TED(Technology Entertainment Design)上的一个题为"用视频重塑教育"的演讲。演讲中提到，他上传到 YouTube 上的很多免费教学视频深受学生和家长的喜欢，这些教学视频在几个实验学校使用的教学效果也很好。受此启发，许多教师尝试改变以前的课堂教学模式，要求学生在家看视频以代替教师的课堂讲解，然后在课堂上把精力集中在完成练习以及与教师和同伴的互动交流上。这种做法颠倒了传统学校"课上教师讲授、课后学生完成作业"的教学安排，这就是日渐兴起的翻转课堂。

二、翻转课堂带来的变化

（一）教师与学生地位的变化

翻转课堂带来了学生与教师关系的颠覆性变化。在传统课堂中，教师占据课堂的主体地位，学生在教师的讲解下亦步亦趋。而在翻转课堂中，教师不再是承担教学主体的授课者，而是成为指导学生学习的引导者，甚至可以作为学习成员。在这样的教学模式下，学生真正成为主体，教师不再一直讲解，更多的是学生自己进行学习、探究，让课堂回归学生。

（二）教学形式与内容的变化

在传统课堂中，教师在课堂上讲解具体知识，然后布置课后作业，使学生进一步理解巩固课堂内容。实施翻转课堂后，学习的过程提到了课前，而课堂则成为探究的时间，属于教师答疑解惑的过程，教学形式发生了很大变化，学生自主学习的能力得到了很好的锻炼和培养。实施翻转课堂后，课堂上问题探究和答疑解惑的过程取代了教师对知识进行讲授的过程，教师在课堂上不再具体地讲授课程，而只是对学生的表现进行点评，对学生难以理解的地方答疑解惑，实现了教学内容的变化。

（三）课程考核方式的变化

传统课程的考核方式通常是进行考试，方式单一，考核结果也比较片面，无法全面考核学生的整体学习效果。这种将一切考核都放在最后进行的模式，往往导致学生在临近考试的时候才开始投入学习，既不利于学生在学习过程中的投入，也不利于教师对学生在学习过程中学习成果的检验和反馈。而翻转课堂可以呈现多方式和多角度的考核方式，将考核分散在学生的整个学习过程中，从而可以多方面考查学生的学习成果，包括学生的基本翻译能力、组织能力和批判思维能力，考核结果更加全面。

三、实施翻转课堂的可行性

（一）实施翻转课堂有很强的现实意义

翻转课堂采用先学后教的教学模式，利用信息技术设备，学生在上课前进行知识的自主学习，而把课程知识的应用与探究放在课堂上。学生在课前学习时，对于课件或教学视频中的难点可以反复观看进行理解，对有疑问的地方可以记录下来在课堂上向教师提出，或者直接在网上向教师提问，从而让教师有针对性地备课。课堂上教师除了对难点进行答疑解惑之外，也会组织学生进行知识分享和小组讨论等互动活动，增加了师生间的沟通，也提升了学生在课堂中的参与度，促进了英语教学效果的提升。

（二）翻转课堂符合商务英语翻译教学的特点

商务英语翻译课程具有很强的实践性，学生只有在大量实践中才能逐渐积累翻译的技巧和经验，提高翻译能力。而如果仅靠课堂短暂的教学时间，很难促进学生翻译能力的提升。目前的翻译教学主要教授具体的翻译技巧和应对具体问题的具体翻译方案，在教学方式上仍然保持着传统课堂中的直线型教学模式，完全是以教师为中心的。这种教学模式往往导致翻译专业毕业生的综合知识存在局限性，而且翻译的实践也通常会受到教学上翻译积累的限制，缺乏面向市场服务的翻译意识。在实施翻转课堂后，教师可以利用课堂时间组织学生进行英语的表达和互动活动，学生可以获得大量翻译实践机会，从而逐渐积累翻译的技巧和经验，提高翻译能力。因此，实施翻转课堂的教学模式符合商务英语翻译教学的特点。

（三）教学环境可以达到实施翻转课堂的条件

随着信息技术的发展和普及，目前绝大多数高校的教室都有无线网络，学校内普遍配有计算机实验室，智能手机和笔记本电脑等上网设备也已经在学生中得到普及，目前的教学环境已基本达到实施翻转课堂的要求。同时，随着信息技术的迅速发展，网络英语教学资源也会更加丰富，学生课前除了可以学习教师录制的微课程外，还可以访问英文学习网站、阅读英文小说或者观看英文电影作为补充材料，极大地丰富了教学内容。随着时代的发展，商务英语翻译教学也必须做出改变，去努力接受各种新知识的介入。而翻转课堂的教学模式给商务英语翻译教学增加了新的教学媒介和信息来源。

四、实施翻转课堂的注意事项

（一）课前准备工作要充分

1. 教师制作视频

教师在课前要做好视频，提供素材。一般视频可以通过两个渠道收集：一个是网上现有的资源材料，这个一般不太适合；另一个是教师根据学生的特点、本课程的性质以及教学目标要求来自制教学视频，视频时间不宜太长，一般为10分钟左右，这样便于学生集中注意力，引发学生主动学习和思考。

2. 学生观看视频

学生看视频不受时间和地点的限制，看累了还可以休息一下继续看。学生可以一边看一边做好笔记，把重点、难点或自己不懂的地方写下来，以便在课堂上与同学和教师进行讨论与交流。

3. 课前练习及师生交流

学生看完视频后,要完成教师提前布置的作业,如果在做作业的过程中遇到了疑难问题,可以通过社交媒体(聊天室或留言板)与同学或教师进行同伴交流或师生交流,从而提高学习兴趣和学习积极性。

(二)课堂设计应充分调动学生的积极性

在进行课堂活动设计时,可以依据建构主义学习理论,充分发挥学生学习的积极性和主动性,从而实现知识的内化。

1. 确定问题

在翻转课堂教学活动中,学生在课前观看视频中遇到的疑问、在所做的练习中遇到的疑难问题以及在课前通过远程与同学进行讨论后还没有解决的问题,都可以在课堂上提出来,师生再共同进行研讨。另外,教师觉得是难点、重点的问题也可以提出来进行讨论。

2. 解决问题

针对在翻转课堂上提出的翻译问题,学生可以自由选择自己感兴趣的或比较了解的问题、题目进行独立探索,不断培养独立意识和自主学习的能力。翻转课堂也即反转课堂,也就是从传统的学生被动接受知识和答案转变为学生主动独立思考和解决问题,从而让学生在独立学习的过程中达到知识内化和知识体系的构建。在笔者的翻译课上,每位学生先是通过提问确定问题,然后在课堂上进行师生和生生之间的讨论,最终疑难问题得以解决,从而使学生对知识进行了重新构建,培养和提高了学生独立自主的学习能力。

3. 探究活动

教师要组织学生对于在课堂上提出的有关翻译问题进行探究活动,把学生分成若干组,每组2~5人,并且每组确定一位组长,针对提出的问题进行探究式研讨,每组成员都必须积极参与其中,通过小组讨论与交流来完成学习任务。在翻转课堂的问题探究活动中,教师要随时注意学生的探究动态并及时进行指导。

4. 交流成果

针对共同提出的翻译问题，学生经过独立思考、集体探究后，把最终小组讨论的结果通过多种形式（成果演示、小型比赛、辩论会或报告会）进行成果的展示与交流，以分享学习的收获。

5. 评价与反馈

翻转课堂上的反馈和评价与传统课堂有很大不同。传统课堂上一般是教师给予评价，而翻转课堂上除了教师外，专家、学者、学生都可以参与其中，这就体现了新课堂上反馈评价体系的多维度，并且评价方式也是多元化的：定量评价和定性评价；个人评价与小组评价；形成性评价与终结性评价；自我评价与他人评价。通过多维度、多方式的反馈评价结果，教师最终确定下一节翻译课的教学计划。

（三）重视课后总结与反思

翻转课堂教学模式主要由课前和课上两部分构成，但是课后的总结与反思也是很重要的。教师和学生都需要对课堂上的问题进行总结与反思，然后传到网络平台，供师生之间互相讨论。这些经过整理的资料也可以长期保存下来，以备学生查阅，没有参加课堂讨论的学生也可以课后补救学习。因此，课前、课上、课后三部分是互相补充、互为一体的。

五、实施翻转课堂的对策

（一）当前教师教学技能的提升

实施翻转课堂对教师的教学技能有着更高的要求。一方面，教师需要改变传统的教学观念，以适应翻转课堂带来的角色变化。另一方面，教师要能够熟练地运用信息技术手段，制作各种微课并进行上传，并且能通过网络与学生进行沟通。教师需要结合自身的商务英语翻译教学实践，将授课内容进行模块式的切分，从而形成翻译基础理论、翻译数据库、翻译技巧等一系列知识点，然后通过 Camtasia Studio 录屏软件以及其他多媒体制作软件，将原有课程的知识性内容录制成比较简短的微课，交给学生进行课前自主学习。结合微课，教师可以布置课堂内着重讨论和分析的案例。对于教师而言，作为翻译理论与实践课的教授者，不仅需要缜密思考到底哪些内容可以用于微课教学的制作，还需要考虑这些教学内容应采取什么样的形式来呈现。那么微课怎样能吸引学生的兴趣呢？可以说，制作微课是一种技术，而设计微课却是一种艺术。翻转课堂模式在大学商务英语翻译教学中的应用需要教师努力提升教学技能，同时提高微课的制作和处理能力。

（二）学生学习能力的培养

随着我国对英语学习重视程度的不断提高以及英语教育的普及，学生在步入大学之前都经历了很长时间的英语学习，也有了一定的英语水平。但是，由于商务英语翻译在中学阶段涉及比较少，学生之间的翻译水平相差很大，有些基础较差的学生甚至对于基本句子的翻译都存在问题，而另一些基础比较好的学生则能很好地完成段落篇章的翻译。英语专业学生在进行商务英语翻译的学习时，由于英语基础的不同，也会呈现不同的学习态度。有的同学对商务英语翻译有很大的兴趣，能够融会贯通，能够很好地理解和把握翻译知识，学习情况也比较理想；也有很多同学只对自己的专业课感兴趣，对于商务英语翻译课程兴趣不足，经常出现逃课的现象，更谈不上自主学习。由于翻转课堂需要学生的自主学习和高度参与，所以如果学生学习不够自觉，未能完成课前对于微课的学习，那么教师就无法进行有效的后续教学。因此，翻转课堂模式在大学商务英语翻译教学中应用，需要建立与之配套的学生考核模式，综合考核学生的课前自主学习、课上探究活动及课后复习的全过程，呈现出多方式和多角度的考核方式，将考核分散在学生的整个学习过程中，从而多方面考查学生的学习成果。这种考核模式的建立需要学校教学部门促成，并需要教师在教学中进行反馈、不断完善。

（三）课件与教学视频的制作

在翻转课堂教学模式中，由于课前学习的内容来自教师制作的课件或教学视频，因而要求教学内容难易适度，呈现形式新颖活泼，还要附带相应的学习任务来引导学生学习。这些要求对微课教学内容的选择和呈现形式的确定都提出了很高的要求。

首先,微课一定要对"微"的特点有所体现,整个微课学习时间要控制在15分钟以内,确保不超过学生的注意力集中时限。为了达到微课之"微"的目标,教师除了在录制微课前需要准备好必备的材料外,也要考虑微课中语言的表达,力求表达简练、清晰,在制作之前可以把要说的每句话提前写出来进行整理浓缩。

其次,微课虽然是基于商务英语翻译的教学内容进行安排,但是并不等于传统课堂教学内容的压缩包,而是将知识点独立出来供学生学习。例如,可以单独讲解什么是商务英语翻译的归化异化、商务英语翻译的信达雅的标准、翻译中的增词法和减词法等,这些都是可以独立的知识点。

再次,微课设计需要有明确的教学目标,让学生清楚地认识到自己通过微课应该学到什么,从而提高微课的学习效率。

最后,教师进行微课的设计需要匠心独具,认真考虑如何通过微课来激发学生的学习兴趣。若微课只是对传统知识进行灌输的新包装,则必然会影响学生的学习积极性,教师可以充分借助图片、音乐、动画等多媒体手段直观地再现知识,也可以通过一段趣味视频将学生引入学习的情境中来。微课的录制要解决好技术问题,保证微课的画面和声音清晰。

六、实证研究——大学翻转课堂的应用

(一)课程目标的分析和分解

与多数学校相比,北京大学"翻译技术实践"的课程目标要求更高:在理论教学上让学生了解软件背后的技术原理,通过掌握在行业、技术、软件发展背后的脉络和关键性原理来增强学生的基础思辨能力;强调实战能力,不仅仅是让学生熟练掌握一两种软件,而是对涉及翻译工程项目流程的各种翻译技术和工具都要有所涉猎和了解。此外,该校的翻译技术教学还强调培养学生在现实的大型翻译项目和流程中应用信息技术和管理技术的能力。

近年来,为解决传统课程长期以来教学活动单一的问题,北京大学尝试在"翻译技术实践"课程中引入 CAT 软件竞赛,对课程进行游戏化改造,激发学生的学习热情,但这类教学活动此前仍局限于学生对 CAT 软件功能的学习。课程 MOOC 化之后,软件教学多数转为视频教学,学生有能力做到学有所为,

从而有更多时间用于组织项目式的学习竞赛，在实战中掌握软件。相比以往，学生不仅要选择自己感兴趣的 CAT 软件，还要完成一个完整的翻译实践项目，要通过自我探索与合作学习来提出完整的解决方案。这种游戏化的具有明显竞争与合作机制的项目竞赛目前还无法通过 MOOC 平台开展，只专属于北京大学校内学生，如果我们将学生竞赛优胜者的视频放在网上，那么 MOOC 的互联网学生可以被动地参加，但想要主动参与该如何进行仍然是我们正在思考的问题。

（二）翻译技术课程

在 MOOC 环境下组织规划的"计算机辅助翻译原理与实践"MOOC 课程，其在教学内容设计上，以"翻译技术实践"课程原有的知识框架为基础，重新规划了此课程的教学大纲，并参照课程内容制订了"纵向"和"横向"原则，对各章知识点做了进一步切分。

1. 课程内容规划

该课程以"实现行为目标"和"解决问题目标"为出发点，课程主体内容参考国内外学者对译者翻译能力的研究以及现代语言服务行业对译者职业素养的需求，以传统教学体系为基础，要求学生至少形成信息检索能力、工具操作能力和项目管控能力，最终实现对多种现代语言处理技术的综合运用。

该课程以上述 3 种能力为基础，将教学内容的组织和细化为 12 个章节（第 0～11 课），完整涵盖现代语言服务市场需求、翻译技术原理以及工具使用、项目管控等内容。此外，MOOC 课程还扩展了原有的知识体系，在教学中融入更多的翻译项目实例，同时在每章节中增加"技术专题"，介绍多种信息技术工具在翻译过程中的应用。

2. 课程知识点组织方式

课程内容的组织是 MOOC 课程建设的核心工作，也是后续课程建设任务得以开展的基础。该课程在内容切分上并不是简单地对各个知识点进行分割，更多的是考虑知识点之间的层次和扩展关系，以避免出现过多的知识碎片，不利于学生形成完整的知识体系。我国著名的课程论学者施良方认为，教师在编制课程内容时要注意处理好"纵向组织"与"横向组织"之间的关系，这为这门课程的内容切分起到了良好的指导作用。

（1）纵向组织原则中的类型切分

纵向组织原则强调对课程进行序列化的组织，按照由简到繁的顺序排列课程内容，先让学生进行辨别，然后学习概念。换言之，课程在建设过程中，可以首先介绍与知识点相关的内容概览或知识背景，再对各个知识点做深入的分析和解释。该课程将各章节的内容大致切分为几种类型，首先对所要讲授的技术原理进行概述性介绍，然后对这一理论的相关知识要点进行分解和深入探讨，帮助学生建构起抽象思维背后的知识脉络，接下来通过恰当的翻译案例或项目实践，向学生言明和展示技术理论对翻译工作所起的促进作用，最后鼓励学生以辩证的思维看待当前的技术以及软件应用，并对这一技术的未来发展进行畅想，启发学生进行创新性的思考。

（2）横向组织原则中的技术专题

横向组织的原则要求打破学科的界限和传统知识体系，以便学生有机会更好地探索社会和个人特别关心的问题。在该课程中，时常需要面对概念性知识与工具教学之间的矛盾，即一味地强调原理概念，容易忽视知识在实际生活中的应用，而过于强调工具教学则会使课程变成一种技能培训。为解决这一问题，在课程各章设置了"技术专题"，主要围绕与翻译工作相关的广义和狭义翻译工具的使用进行介绍，技术专题可能与该章节的知识相关。

例如，在语料库章节的技术专题中，结合相关的翻译案例，对杨百翰大学BYU语料库的使用进行介绍，该技术专题也可能与该章节内容相互独立。又如，在部分章节的技术专题中，介绍了视频字幕的翻译方法和Beyond Compare文件比较工具在翻译工作中的使用，该技术专题多为传统教学中因授课时间限制难以完整呈现的内容，能够启发学生对新技术、新工具应用于翻译实践工作进行横向思考，形成课程主体内容之外的一种有益补充和扩展。

（3）课程讨论题及作业题的设计

MOOC课程中的讨论题和作业题也是教学内容的一部分，这些内容能够鼓励学习者对知识进行回忆，以满足教学测试的需要，通过较为恰当的设计，能够承担一部分教学任务，以使教师对课程内容做出合理安排。在实际工作中，我们对课程内容的类型加以思考，辨别哪些内容通过视频形式讲解能够获得更好的学习效果，而哪些内容通过设置讨论题的形式能够让学习者进行发散性思维，促成主动性、探索性学习。我们将课程讨论题分为"强化记忆""知识共建""鼓励思考"3种类型，如鼓励学生总结搜索引擎、翻译记忆、术语管理等方面的技术原理，或者让学生评判某种翻译结果的好坏并提出改进建议，也可考虑以讨论题的形式让学生搜集更多的搜索引擎高级语法、翻译行业标准等。

MOOC课程作业题能够对学习者提交的回答进行即时反馈，帮助学生强化记忆，促进理解，保持学习的注意力。该课程在每个章节都设置了一定的作业题，采用机器自动评分方式，要求学生在规定的时间内完成，作为课程成绩评判的重要组成部分。这些作业题来自每个章节较为重要的知识点，强调学生对知识的回忆和理解，对于需要深入讨论的问题更多的是以讨论题的形式来设计的。作业内容主要是以常识性知识、理解有一定难度或较为重要的知识点作为考量，如考查学生对搜索引擎技术原理的理解，或者考查学生对翻译记忆实现流程的整体感知。

启示：

翻转课堂教学模式应用于商务英语翻译教学是一种有意义的尝试和探索。它改变了翻译课传统的授课方式，教师和学生的角色发生了翻转，从而能够更好地发挥学生学习的积极性、主动性、创造性和独立性，培养学生自主学习的能力，同时也提高了教学质量和教学效果，学生的实际翻译能力大大提高了，从而满足了社会对人才的需求。由于翻译课实践性较强，所以在书店关于翻译方面的书籍也比较多，这就要求教师在选择教材上要仔细挑选，选出适合自己学校特色、适合学生水平层次的书籍。在课堂上，讲授的翻译内容不能太少，应该让学生多了解翻译方面的知识，把理论和实践相结合。

翻转课堂教学能使学生体会到课堂教学的乐趣，增强其求知欲，使其学会探究并实现知识的建构。融入翻转课堂的大学商务英语翻译教学能够充分利用丰富的网络资源，使学生通过课前的自主学习获得相关的基本理论和技巧，并利用各种翻译工具和网络资源完成翻译任务，这为课堂上参与研讨预留了充足的时间，以此弥补传统教学课堂上教学内容多、时间紧、效率不高的缺陷。

翻转课堂模式在大学商务英语翻译教学中的应用，颠覆了传统的教师和学生在课堂中的地位，增加了学生之间以及教师与学生之间的互动，促进了师生间的交流，具有很强的现实意义。在这种教学模式下，课前知识的讲授能够有效地解决课堂教学时限的问题，从而拓展了教学时间，让学生能够有充足的时间思考；课堂上探究合作式的学习模式，能够有效地提高学生的沟通、表达能力，也有利于其思辨思维的培养；课后知识的巩固与拓展也可以帮助学生及时消化课堂教学内容，为下一阶段的学习做好准备。

首先，教师必须能够熟练地运用网络技术，并通过制作精美的课件或者视频，为学生提供翻译理论和翻译技巧知识结构清单。同时，教师还要精心组织协调学生的课外翻译活动，调动学生的学习积极性，完成对其翻译和学习的监督工作，这些都加大了教学难度。

其次，翻转课堂对硬件建设提出了很高的要求，学校要配备数字化终端设备，学生要拥有数字化终端设备，并且师生都要具有一定的信息技术应用能力，这些都是将翻转课堂融入翻译教学的前提条件。

最后，与传统的翻译教学相比，融入翻转课堂的翻译教学需要学生花费更多的时间来完成自主学习任务，包括整个课前预习和翻译、课堂的研讨以及课后的总结，若不能将三者有机结合，只会无端加重学生的学习负担，难以提高课堂教学效率，更难达到预期的教学目的。当然，将翻转课堂融入大学翻译教学还需要进一步的研究和探索。

第二节　任务型教学法在翻译教学中的应用

任务型翻译教学模式是一种以学生为中心，教师根据学生的实际水平设计任务，创设真实的或类似于真实的学习情境，引导学生利用信息资源进行可理解输入、输出，协作学习、主动完成任务，以实现意义建构，提高学生翻译能力的相对稳定的操作性框架。该模式反映了外语教学从关注教法到关注学法，从以教师为中心到以学生为中心，从注重语言本身到注重语言习得的转变，既强调语言形式，又注重它的意义，将语言的用法、用途融为一体，具有较强的操作性，因而是对我国传统教学模式的一种革新，必将为培养更多适应 21 世纪发展需要的翻译人才奠定坚实的基础。

一、任务型翻译教学法简述

任务型语言教学是 20 世纪 80 年代外语教学法研究者提出来的又一个有重大影响的语言教学理论。它主要以二语习得理论、心理语言学理论和社会构建理论为其坚实的理论基础，以学生为中心设计具有明确目标的真实任务，激发学生的学习兴趣，提高其参与互动性，促使学生积极主动地使用语言、协作学习、主动完成任务，以实现意义建构，提高学生的翻译能力。

（一）任务的定义

许多学者分别从任务的范围（主要指涉及语言的任务）、视角（任务设计者的角度还是活动参与者的角度）、真实性（现实生活中有意义的活动）、语言技能（可能会涉及语言的任何技能）、心理认知过程（如领悟、使用、输出、互动、推理等）、结果（注重任务的实际完成）等方面对任务的定义进行了阐释。朗（Long）从非语言学的角度把任务定义为自己或他人从事的一种有偿或无偿的工作，即人们在日常生活、工作、玩耍中所做的各种各样的事情。理查兹、普拉特和韦伯从语言教育学的角度把任务定义为处理和理解语言的一个行动或活动。布林对任务的定义是：任务是任何促进语言学习的工作计划，它具有特定的目标、恰当的内容、规定的程序和一系列的结果等基本特点。大卫·纽南在综合各家观点的基础上，将定义概括为：交际任务是指导学生在学习目的语的过程中，领悟、使用、输出和互动的课堂交际活动，它重点关注的是意义，而非语言形式。拜盖特、斯凯恩和斯维因对任务的定义是：任务是要求学生使用语言为达到某个目的而完成的一项活动，活动的过程中强调意义的表达。埃利斯对任务的定义是：任务是那些主要以表达意义为目的的语言运用活动。尽管各家说法不一，但任务都涉及语言的实际运用。学生共同努力、相互协助，一起完成任务，其过程就是模拟真实世界的体验过程，这充分激发了学生的学习积极性和能动性，而学生在社会交往中，通过分享信息解决问题面向同一个目标努力的过程中学习效果最好。

（二）任务的特征

根据斯凯恩提出的任务构成要素（意义首要，解决交际问题，真实活动，关注任务完成，评价取决于结果），结合其他学者的观点，笔者认为，任务作为一种课堂教学活动应具有以下特征：

第一，完成各种真实的生活、学习、工作等有意义的任务，促使学生运用真实的语言。

第二，学生使用语言完成任务时，关注的重点是意义的表达而不是语言形式的操练，即重视学生如何沟通信息，而不强调学生使用何种语言形式。

第三，在教学过程中，任务可以涉及四项语言技能中的一项或多项，包括各种增加语言知识和发展语言技能的练习活动。

第四，任务必须有具体的结果，即完成任务最受关注，至于如何完成及完成的情况次之。

第五，任务的评价取决于结果，任务完成的结果是评估任务是否成功的依据。

斯凯恩指出，设计任务时应尽量避免：让学生只是鹦鹉学舌；仅展示语言；追求一致与人雷同；机械性的操练以及为了特定句型结构硬把语言插入材料中。威利斯给我们提供了一些问题，借以鉴定设计的活动是否为真正的任务："能激发学生的兴趣吗？主要关注的是意义吗？有完成结果吗？活动的成功是以结果来评判的吗？任务完成是否优先？和现实的真实活动相关吗？"得到肯定的回答越多，就越接近真实的任务。了解任务的正面、反面特征，以上面的标准为指导，有助于设计真实、有意义、操作性强的活动，使学生有机会自由地选择生活中实际使用的语言来完成任务。

二、任务型翻译教学模式的教学原则

（一）坚持以学生为中心

这一原则是指在任务型翻译教学模式中，教师要以学生为中心，引导学生充分发挥其在认识和实践中的主体作用。学生是知识建构的主体，学生的认知参与、主动思考直接影响任务的完成，离开学生积极主动的参与，任何学习都是无效的。教是为学而存在、为学而服务的，教师的主导作用必须也必然有一个落脚点，这个落脚点只能是学生的学习。所以，教师一定要注重发挥学生的主体性，以学生为中心，从学生的需要和兴趣出发，根据学生的实际水平，设计不同的任务，创设适当的学习情境，引导他们积极利用多种信息资源，与学习伙伴合作、协商，共同完成任务。教师必须激发学生的参与意识，为其提供参与机会，最大限度地发挥学生的主观能动性。翻译知识和技巧是由学生主动探索、思考、实践等体验和探究出来的，教师只是探究的组织者、指导者、促进者和评价者。

（二）坚持以任务为主线

任务型翻译教学模式区别于其他教学模式最根本的特点就在于它强调以各种各样的任务为主线，强调采用具有明确目标的"任务"来帮助学生更主动地学习和运用语言。所谓任务，就是一种活动，具有以意义为主、有某种交际问题需要解决、与真实世界的活动有某种联系、完成任务优先、以结果评估任务等5个特征。就任务型翻译教学而言，任务的内容主要有对比英汉语言文化、认知翻译理论和技巧、积累各种文体的翻译实践经验等。任务型翻译教学要求教师以任务为主线来组织教学，自始至终地引导学生通过完成具体任务来学习翻译，并获得和积累相应的翻译知识和技巧，从而提高翻译能力。总之，该模式重视学生在执行任务过程中的参与和协作，重视学生在完成任务过程中的能力和策略培养。学生在学习时首先考虑的是如何完成学习任务，而不是学会某种语言形式；所谋求的目标不再是机械的语言训练，而是实际翻译能力的培养。

（三）坚持以协作互动为方式

任务型翻译教学模式不仅重视培养学生独立探究的精神，还重视培养学生的协作精神，力图使学生在完成任务的过程中，通过学生之间、师生之间多向互动、协作，通过意义磋商、交流以及大量的语言输入和输出，培养和发展学生的实际翻译能力。任务的完成过程是协作互动的过程。一方面，协作互动有助于学生建立对任务更为全面的理解，加深对意义的建构；另一方面，协作互动会使学生产生让别人明白自己表达的需求和达到这一目的的喜悦，有助于激活其学习动机，让其通过与他人的协作互动，从事大量翻译实践，积累翻译知识和技巧。任务型翻译教学强调协作互动学习的重要性，将学生个人之间的竞争转化为学习共同体之间的竞争，培养了学生之间的协作精神和团队精神，也弥补了一个教师难以应对众多有差异的学生的不足，真正实现了使每个学生都能得到发展的目标。

（四）坚持以学习情境为前提

情境是指一定的社会文化背景。学习情境对翻译知识和技巧的建构起着重要的作用，不同的学习情境对翻译理论的理解与建构、对翻译技巧的选择与使用都会产生重大影响。真正的、完整的翻译知识只能在真实或类似于真实的学习情境中才能获得，翻译技巧的实际掌握也必须在真实或类似于真实的学习情境中才能体现。因此，在任务型翻译教学中，创设适当的（即真实或类似于真实的）学习情境，有助于学生翻译理论与实践的结合，有利于提高学生的实际翻译能力。换言之，教师应在设计任务时尽力创设真实或接近真实的情境，将课堂内的翻译学习与当前的社会文化背景相结合，让学生置身于贴近自己生活的语境中，通过完成任务，深刻地感受翻译学习与自己生活实践的紧密联系，激发他们自主、协作学习翻译的兴趣和学好翻译的信心，促进其实际翻译能力的提高。

三、任务型翻译教学模式的教学结构

任务型翻译教学模式的教学结构主要包括任务准备、导入、实施、巩固4个基本环节。这4个基本环节是贯彻教学原则、完成教学任务的有效保证，是既相对独立，又相互衔接、相互影响的有机结合整体，教师在实际操作中要注意它们之间的相互联系和制约。

（一）任务准备环节

任务准备环节主要是指教师从学生的需要和兴趣出发，结合社会对翻译人才的需求，根据学生不同层次的水平，精心设计各种任务。任务的选择和设计是该模式得以顺利进行的关键，其具体设计应把握下列要求。

1. 任务涵盖的范畴应广泛

任务涉及的领域应从传统的文学作品翻译扩展至经贸、科技、外交、军事翻译等。同时，任务的范畴还应囊括翻译理论与技巧的学习，即教师应根据专业特点、社会需求和学生的认知现状，选择一些理论和技巧引导学生学习，让学生有意识地运用理论指导实践。另外，任务的设计还应注意语言形式与意义的结合。

2. 任务的内容应具真实性或类似真实性

任务的内容应贴近学生生活和学习经历，与现实世界有某种联系。这种联系不应是笼统的，而应是具体的，能引起学生的共鸣和兴趣，激发学生积极参与的欲望。所涉及的情境和语言形式等要符合实际的功能和规律，使学生在一种自然、真实或类似真实的情境中体会翻译知识和技巧的应用。

3. 任务的难度应根据学生的实际水平由易到难，重视个体差异

教师应利用问卷调查、水平测试、座谈交流等多种形式了解学生的实际水平，并以此为基础设计学习任务。任务的设计应反映学生的认知规律，由简单到复杂，层层深入，前后相连，形成由初级任务向高级任务以及高级任务涵盖初级任务的循环，构成"任务环"，使教学呈阶梯式递进。

4. 完成任务的形式应具多样性

学生可采取自主、结对或小组协作等形式来完成任务，可通过传统的图片、纸质材料等形式完成任务，也可大量运用现代技术，通过录像、光碟、多媒体课件、网络论坛等电子材料形式完成任务，还可以通过参与具体的社会实践来完成任务。

（二）任务导入环节

在任务导入环节中，教师按照任务设计、情境，做一些能激发学生学习兴趣的"热身"，学生在活跃、轻松愉快的气氛中进入翻译学习，掌握关键性知识和技巧，为学生提供必要的输入，然后介绍任务要求和实施步骤，为后续环节做好铺垫。

1. 在实施学习任务之前,教师应引导学生复习与任务有关的已掌握的知识和技巧

教师应尽量激活与任务相关的背景知识,减轻学生认知加工负担,为学生开展学习任务扫清障碍。教师可采用多种方式引导复习,如课堂提问、经验交流、多媒体课件等。

2. 对学生不熟悉的有关学习任务的话题进行提示

例如,提示任务中所涉及文体的特定翻译技巧和所涉及的某些关键词的翻译等。介绍的内容与任务的完成密切相关,介绍的方式根据教学实际可以是直接、明确的,也可以是间接、含蓄的。

3. 教师应组织学生结成对子或划分学习小组,组成学习共同体

教师向学生布置学习任务,使其理解、明确任务的内容、目标、完成时间及完成后应取得的成果等。教师在布置学习任务时的指令性课堂语言一定要简单明了,学习任务的目标越具体越好。

(三)任务实施环节

任务实施环节强调"做中学"的原则,让学生为特定的学习目的去实施特定的任务,通过完成特定的任务获得和积累翻译知识和技巧。教师可利用国内外的学术会议、记者招待会等活动的同传录像、光碟等模拟翻译现场,引导学生从事互译实践,让学生通过完成任务提高翻译能力。该环节主要由执行任务、准备报告和汇报评价3部分组成,学生之间、师生之间采取不同的交互方式,各自扮演不同的角色。

1. 执行任务

学生以个人、结对或小组的形式执行各项任务。

任务型翻译教学模式要确保每个学生都有事做,每个学生在任务完成中都应有明确的分工,都应有大量从事翻译实践的机会和充分表现自己的机会,每个学生都应参加具体的任务活动。教师监督、鼓励学生参与学习任务,但并不直接讲授,只是提出思考方向,让学生自己探索,或指出几种可能,由学生自主判断。

2. 准备报告

学生准备以口头或笔头的方式向全班或小组报告任务完成情况和结果。

他们可将汇报内容设计为纸质、录音、录像、多媒体课件等形式，以便能更生动形象地向全班或小组进行汇报。教师应使学生明确汇报目的，组织学生积极讨论，集思广益，在学生无法继续任务时，给予适当提示或帮助。

3. 汇报评价

学生向全班或小组报告任务完成情况和结果。

在此基础上，以学生自评、小组互评、教师总评等多种形式，多层次、多角度地比较、分析、评价、补充学生任务完成的结果，总结翻译知识与技巧，探寻翻译规律。教师可扮演主持人的角色，并挑选发言者，对学生完成任务取得的成绩及时予以肯定，尊重学生的意见，鼓励学生的创造性，并提醒学生注意语言形式与意义的结合。

（四）任务巩固环节

任务活动不能仅限于课堂教学，还应延伸到课堂之外，以巩固旧知、预习新知，这是任务型翻译教学模式的最后环节，即任务巩固环节。该环节是学生完成翻译知识迁移，将所学知识灵活运用于实际生活的关键，其主要有课外作业与第二课堂两种形式。课外作业和第二课堂的内容都应与课堂学习任务及学生生活经历有关，既复习和强化学生所学知识，变机械学习为有意义的学习，又为他们提供展示个性和能力的舞台。

1. 课外作业

根据课堂任务内容及学生生活经历，教师向个人或小组布置课外作业，使课外作业与课堂教学融为一体。作业题材应适量、多样化，遵循学生的认知规律，难易适度，具有针对性和开放性，能对教学起到反馈作用。教师可向学生推荐参考文献，指导他们在课外阅读时选择与课堂任务有关的资料，也可选择与课堂任务有关的内容让学生在课外继续巩固练习等。

2. 第二课堂

第二课堂的内容应新颖，但也不是不切实际的凭空安排，而是与课堂任务内容及学生生活经历紧密相关，能巩固课堂任务内容、顺应学生主观愿望、增强学生的思维活力和创造能力。第二课堂的形式应灵活多样，教师可通过组织学生举办翻译竞赛、向报纸杂志投稿、参加各种翻译社会实践等多种形式，为学生提供和创造广阔的学习、实践环境。

四、任务型翻译教学模式的教学过程

（一）前任务阶段

教师介绍任务的主题和内容，引导学生熟悉话题、界定情境，并布置任务的具体要求，指导学生分组等。

1. 任务准备

教师在选择翻译材料上做到贴近实际要求，难度要适合学生当前的自身专业知识水平，篇幅适中，避免打击学生完成任务的信心和积极性，设定逼真的情境，保证任务的实用性。例如，教师给出如下商务材料作为学生的翻译任务：

Dear sir,

Our client in Bombay requests us to obtain from you a pro forma invoice for color TV sets with the following specifications："Haier" brand color TV sets 25-inch and 34-inch (each 500 sets). Would you please airmail us the soonest possible your pro formal invoice for 1,000 color TV sets with prices CIF Bombay, so that we can obtain our client's confirmation. There is no question about our authorities. As soon as the said license is approved, we shall establish an IVC in your favor. Thank you for your close cooperation in this respect.

Yours truly

John Smith

2. 任务导入

教师在要求学生完成任务之前，应先进行必要的输出，介绍足够的背景知识，清晰地阐述任务的性质，界定任务的商务环境和翻译所要达到的具体要求，对其中可能遇到的难点问题进行适当的提示，为学生完成任务做好知识保障，打好基础。

3. 分组

在对一个30人左右的大学英语班级分组时,每组学生数应在4~5人,不宜超过6人,这样既能避免因学生人数过少而造成个人任务负担过重,又不至于因人数过多而分工散乱、难以统一。分组时也要考虑学生在知识水平、英语技能和性格等方面的差异。另外,教师还可对学生的小组分工进行适当的建议和指导,帮助学生切实有效地开展任务。

(二)任务阶段

这个阶段包括任务(task)、计划(planning)和报告(reporting)。学生或学生小组根据教师布置的要求,分工协作,制订完成任务的计划,实施计划,共同商讨出最佳方案。

1. 分工设计

执行任务之前,学生小组内根据自身的特点明确各自的分工计划,确保每名同学各司其职而又不至于翻译负担过重。

2. 执行任务

学生在执行翻译任务的过程中,教师应密切监督,适当指导,但不应过分主导,鼓励学生自主探索、协作,以保证学生小组自主完成翻译任务的积极性和创造性。

3. 总结汇报

初步完成任务后,学生小组内集合各自翻译结果,进行交流探讨,修改得出最终翻译版本,并以幻灯片或打印稿等形式在班上进行汇报展示。

(三)语言聚焦阶段

语言聚焦环节(任务后环节)包含语言分析和练习。教师展示各学生小组所提交的翻译版本,师生共同进行讨论,提出其中语法、专业知识、语篇风格等方面的漏洞,进行修改和完善。教师对学生完成的任务进行评价,并对涉及的翻译知识进行总结。另外,教师可通过布置课外作业或第二课堂任务以保证学生将所学知识复习强化并灵活应用。

例如，通过讨论，确定最终译本如下。

敬启者：

我们的一个孟买客户要求我们从贵方取得下列规格的彩色电视机形式发票："海尔"彩色电视机25英寸和34英寸各500台。请尽快航邮注有孟买到岸价格的1000台彩色电视机的形式发票，以便我们取得客户确认。从当局取得必要的进口许可证当无问题，一旦获得许可证即开以贵方为受益人的信用证。感谢贵方的密切合作。

约翰·史密斯

敬上

启示：

作为一种新型的教学方法，任务型教学法得到了广泛的认可，但这并不意味着教师要完全摒弃其他教学方法。实际上，在对学生进行背景知识的补充和语言知识点的介绍方面，传统的外语教学法更具优势。需要注意的是，实现准确的理解和表达，学生必须具有比较扎实的语言（包括源语和目标语）基本功。同时，教师要加强学生的语言基本功训练，培养学生的汉语运用能力，提高学生对语言的悟性。

翻译是语言的再创作，只有通过大量的翻译实践，才能提高学生对语言的理解力和鉴赏能力，并加强他们对英汉语言差别的反应能力。而且，教师要精讲多练，引导学生成为课堂的主体，挖掘学生在大学英语学习中已经建立的优势，用优势基础克服畏难情绪，提高学生的翻译能力。同时，任务型教学法对教师也提出了较高要求。教师需要充分发挥自身的聪明才智和创造力来设计教学任务，从而为学生营造尽可能真实的语言情境，激发学生在知识构建中的认知主体作用，教师还应通过多种途径丰富和完善自身的商务背景知识。

目前，我国担任大学英语教学工作的教师很多是英语专业的毕业生，缺乏专业方面的理论学习和实践经验。因此，我国可借鉴大学英语专业起步较早的国外院校的做法，为教师的成长和发展提供平台。在《大学商务英语翻译》教学中，教师可以尝试用任务型教学法的理论指导《大学商务英语翻译》教学实践，将教学重点放在大学商务英语翻译实践和应用能力上，并不断总结和完善。

只有这样，才能培养出既符合教学目标又符合社会需求的高素质翻译人才。

第三节 项目导向型教学法在翻译教学中的应用

"项目导向教学法"是把整个学习过程分解为一个个具体的工程或事件，设计出一个个项目导向教学方案，按行动回路设计教学思路，不仅传授给学生理论知识和操作技能，更重要的是培养他们的职业能力，这里的能力已不仅是知识能力或者专业能力，而是涵盖了如何解决问题的能力：方法能力、接纳新知识的学习能力以及与人协作和进行项目合作的社会能力等。当前，在我国的高等教育和职业教育的体系中，已经有不少学校和不少专业利用"项目导向教学法"的模式进行了课程改革，并取得了良好的效果。

一、语言学领域的"项目导向教学法"

"项目导向教学法"的概念和意义："项目导向教学法"最早起源于美国，是由美国著名教育家凯兹和加拿大教育家查理共同推出的一种以学生为本的教学方法，它是师生通过共同实施一个完整的"项目"而进行的教学活动，是职业教育领域非常典型的行动导向教学组织形式，盛行于德国企业的职业教育领域，并对德国的职业教育产生了巨大影响。在大学教育中，"项目"主要是指以生产具体的、具有实际应用价值的产品为目的的一种任务，它旨在把学生融入有意义的任务完成的过程中，让学生积极地进行学习，自主地进行知识的构建。它应该满足以下条件：该工作过程用于学习一定的教学内容，具有一定的应用价值；能将某一教学课题的理论知识和实际技能结合起来；与企业实际生产过程或现实商业经营活动有直接的关系；学生有独立制订计划并实施的机会，在一定时间范围内可以自行组织、安排自己的学习行为；有明确而具体的成果展示；学生自己克服、处理在项目工作中出现的困难和问题；项目工作具有一定的难度，要求学生运用新学习的知识、技能，解决过去从未遇到过的实际问题；学习结束时，师生共同评价项目工作成果。

根据布里基斯和豪林格、格兰特的定义，项目导向教学体现了以学生为学习主体的教育思想，其基本特征是为学生提供可以对有价值的课题进行深入研究的机会，让学生身体力行地进行科学研究，在研究工作中体验完整的科学研究过程，形成科学研究意识和获得初步独立进行科学研究的能力。实行"项目导向教学法"需满足以下几点要求：①项目必须是一个有步骤的系统过程；②项目所涉及的内容和学生所学专业紧密相关；③项目目标预期明确，有实施计划；④项目在教师的指导下进行；⑤学生实施项目的情况可以被跟踪观察；⑥项目的最终结果应该是可以评估的；⑦项目应该凸显合作意识。这种项目导向教育思想在西方学校教育中得到了广泛的应用，特别是在理工科专业中已成为美国教育的主流。

项目导向教学在我国基础教育和高校专业教学中也得到了尝试性的应用。有些大学的英语专业教学（如南开大学外国语学院的英语专业）也在开展这种基于项目的教学实践，但在大学英语教学中却不多见。从项目内容方面讲，以语言研究为内容的项目导向教学活动更为少见。这主要有两个方面的原因：一是认为语言研究是语言学专业教学的事，和语言学专业外的教学无关；二是认为我们对自身的语言太熟悉了，不知道有什么可以研究的，故看不到语言研究在科学研究通识教育中的价值。首先，语言中的各种现象和事实本身就是最便捷的、唾手可得的研究材料，任何研究者都可以用探索的科研心态获得；其次，语言本身就是一个奇妙而复杂的有机系统，有其自身的法则和规律，有许多可以研究的地方；最后，研究语言不必通过复杂的实验工具就可以直接感知和观察。按照项目导向教学关于研究重点不在成果而在过程的要求，语言研究十分适合作为大学英语项目导向教学的内容。

在项目导向教学中，学习过程成为一个人人参与的创造实践活动，注重的不是最终的结果，而是完成项目的过程。在这个过程中，学生学到的不仅是理论知识和操作技能，更重要的是获得一定的职业能力，这里的能力涵盖了如何解决问题的能力、接纳新知识的学习能力以及与人协作的社会能力等几个方面，而这些能力正是社会对大学毕业生的要求。所以，在大学教育中推行"项目导向教学法"具有十分重要的意义。

（一）学生学习兴趣

项目导向式教学法能够改变原有翻译课程的传统教学中教师"一言堂"的教学模式，将所开设课程的教学内容设计成具体技能的训练项目，根据项目组织实施教学与考核，重点体现翻译的趣味性与应用性，从而提高学生对翻译课程的兴趣和主动性。

（二）课堂学习效果

项目导向式教学法能够使学生从被动地接受翻译到主动地翻译，从根本上改变学生的学习及思维习惯，培养学生的主动性、创造性。学生从此不再是被动地学习所谓的翻译技巧，而是主动思考、研究并进行翻译实战，从实战中学习技巧、巩固技巧、熟练掌握技巧，学习效果会事半功倍。

（三）学生未来发展

项目导向式教学法由于在实践的过程中引用的都是真实的翻译项目，使学生在真正踏入翻译行业之前就已经充分了解并能够驾驭翻译实践。更为重要的是，由于翻译项目都是与当今时代充分接轨的材料，体现了当今社会下真实的文化差异，学生能够在不断实践的过程中了解这些信息，真正掌握处理文化差异的翻译方法，使学生成为具有过硬的专业知识和技能，能够促进国际文化交流的全方位的应用型人才。

（四）翻译专业课程教学长远发展

建立一套全新的、实用的、科学的、系统的翻译教学模式，是翻译专业教学改革的基础，这有利于培养大批创新性、技术技能应用型翻译人才，为翻译专业的长远发展奠定坚实的基础。

（五）"项目导向教学法"在大学商务英语翻译教学中应用的可行性

"项目导向教学法"是一种围绕一个"具有很强实践性的和接近生活实际的工作活动"进行教学过程设计的教学方法，在完成工作活动的过程中，特别强调学生要尽可能自主完成。从中可以看出，"项目导向教学法"不仅突出教学内容的"实践性"和"职业性"，而且强调学生的自我反思能力。与传统的教学方法相比，"项目导向教学法"打破了传统的知识本位和学科本位，实现了从以教师为中心到以学生发展为中心的转变,有利于培养学生的职业能力。

项目导向教学一般可以分成以下4个教学阶段:明确项目任务;制订项目计划;实施项目计划;项目成果展示和评估。学生在教师的引导下,从工作活动中或类似工作情境中确定要解决的问题或任务,并为此共同制订切实可行的解决计划,通过小组的共同努力实施项目计划、解决问题或完成任务。最后,展示各小组的成果,并检查评估项目计划及其成果。"项目导向教学法"被引进国内后广泛应用于各个学科的教学中,在大学教育中也被广泛应用。这一教学法要求教师尽力从工作活动中选取典型项目,着眼于学生未来职业能力的培养,非常有利于解决我国大学教育面临的学制短、要求高、学生基础薄弱等一系列问题,有利于提高大学教育的质量。翻译课作为大学商务英语的一门重要核心课程,"项目导向教学法"的合理应用也必将进一步提高翻译教学的效果,促进学生翻译能力的发展。

二、"项目导向教学法"的实施过程

"项目导向教学法"在教学过程中要以学生为中心,充分发挥学生的主动性和创新性,而教师起着指导和协助的作用,负责整个教学的设计和组织。一个完整的项目导向教学的过程一般有以下4个阶段:项目设计期、项目实施期、项目展示期和项目总结期。

(一)项目设计期

好项目可以充分调动学生学习的积极性,所以项目的选取非常关键。项目设计最重要的原则就是可实践性,以保证学生可操作并有所收获。因此,项目设计应采用结构化的方法,自上而下、逐步细化,应注意以下事项:①从本校的教学资源实际状况出发,项目要可行;②项目由易到难,逐步提高难度;③项目设计要注意分散重点、难点,要考虑"任务"的大小、知识点的含量、前后的联系等多方面因素;④项目设计要符合学生的特点,充分考虑学生现有的文化知识、认知能力、年龄、兴趣等特点,做到因材施教;⑤以"项目"的方式(即以"布置任务—介绍完成任务的方法—归纳结论"的顺序)引入有关概念,展开教学内容。"项目导向教学法"的着眼点在"项目",而项目的选择要以教学内容为依据。

项目设计以国际商务情境下（接待、陪同、洽谈等）商务翻译员或商务助理员的工作任务为线索来进行。设计的项目活动载体以一个大学毕业生新入公司后所经历的一系列翻译涉外活动为主线，使用各种对应知识点和技能点的案例，覆盖所有 16 个工作项目，合成完整、真实的商务译员或助理岗位工作任务。

（二）项目实施期

项目制订好后，学生要根据项目细分任务，制订工作计划和步骤，并分组实施。项目的实施采用自下而上、由易到难、逐步完善的原则进行。此时，教师应充分相信学生的能力，让他们自己动手，面对学生计划中的欠缺或不完善处，教师可适当地加以点拨或指导，然后师生合作，共同完善它。在实施项目的时候，要根据不同的项目采用不同的方法。

对于一些比较简单的操作步骤，学生自己可以从书上或者其他渠道（网络、实地调查）找方法，自己根据理论知识进行操作；对于一些操作比较复杂的项目，教师要及时给出相关资料，还应适当提醒学生先做什么、后做什么，必要的时候做一下示范，这样做既可以避免接受能力较差的学生面对较为复杂的项目时束手无策，又能避免学生走不必要的弯路。例如，在公司简介翻译环节中，可以通过公司模拟法，将全班学生分成 4 组，以组为单位模拟成立外贸公司，让学生为自己的公司取名、注册国籍和业务范围、设立法人代表、成立董事会、制作公司简介。在此基础上，根据教材内容和项目要求，做成演示文稿在多媒体教室展示，学生相互评价。这样，学生通过进行相应的商务模拟实践活动就熟悉了商务活动环节。

（三）项目展示期

这一阶段是以学生作品展示为主、教师点评为辅，其特点是集思广益，拓展思路，鼓励创新。展示期可以进行作品欣赏或方法交流，可以开展一些热门问题的讨论，让学生在思路上得到一些启发，取人之长，补己之短，提高创作水平。这一阶段可以在教学节奏上给学生一个放松的时间，同时教师可以查缺补漏，讲解一些共同的难点和重点，并触类旁通地给出大量应用实例，加深学生对所学知识的理解。

(四)项目总结期

学生学习能力不同,对知识的吸收和掌握程度也不同,这样很容易造成学生成绩的两极分化和教学知识点的疏漏。针对这些问题,教师在采用项目导向教学模式的时候,要加强对课堂小结和知识点的回顾,使学习能力差的学生或操作有疏漏的学生能通过教师的总结和回顾跟上教学进度,从而达到教学要求。

"项目导向教学法"设计案例:实地搜集苏州市区著名商标、品牌及商号的英语译文,并分析或纠错(课堂演讲)。

【步骤一】宣布教学内容、目的(时间5分钟)

新课导入项目任务:苏州天成体育用品有限公司市场部经理将赴欧洲寻求合作伙伴,要求其助理根据公司简介整理材料,将公司名称和产品名称等翻译成英文。

【步骤二】知识归纳和操作示范(时间40分钟)

①商标、品牌及商号的概念和特征;②商标、品牌及商号的翻译方法;③商标、品牌及商号的翻译纠错示范。

【步骤三】学生项目实施和展示(课堂演讲)(时间为40分钟)

任务1:为苏州市区著名商标、品牌和商号及其英语译文分析或纠错。

任务2:设计中英文商标(品牌)和商号(公司名称)各一个,并阐述理由。

【步骤四】总结和作业布置(时间5分钟)

三、"项目导向教学法"对翻译教学的启示

(一)积极开展师资培训,提升教师的课堂监控能力

把"项目导向教学法"推广应用到学生职业能力的培养中,需要做好师资培训,给教师接触实际职业岗位的机会,如安排英语教师定期到基层企业实习锻炼,或到校外做外销员、导游、翻译等兼职工作,学院利用寒暑假对英语教师进行职业培训,采用集体备课形式来优化设计项目等。

（二）加强"项目导向教学法"中的有效输入，提高学生的项目参与度

在"项目导向教学法"的实施中，教师应灵活融入不同文化背景知识，如在西餐餐桌礼仪、筹备庆祝晚会等项目中，应考虑到西方国家的风俗习惯，提高学生的参与度。另外，采用多种途径进行输入，如电影、网络资源、图书馆书籍等，增加英语学习的趣味性，充分发挥学生的主观能动性。

（三）促进"项目导向教学法"中的有效输出，积极培养学生的职业能力

鼓励学生以创造性的方式展现项目成果，如英语演讲、英语报告、短剧、采访、辩论赛等，充分挖掘学生的创造潜能，培养学生的创新能力。同时，教师既要重视对合作成果的评价，又要重视对合作过程的评价，帮助学生提高听说和交际能力，发挥创意，增强团结协作。

第四节 合作学习法在翻译教学中的应用

20世纪中叶，许多学者提出以学生为核心的教学新理念，建立在该理念之上的"合作学习"方法作为一种全新教学模式，被应用于多种课程教学中，并取得了良好的效果。合作学习理论主张将不同能力和特点的学生划分为若干小组，通过开展多种学习活动，促进学生对所学科目的理解。在合作学习中，教师与学生的角色作用与传统翻译教学有所不同，是以学生为中心，教师起辅助与管理引导作用。只有当所有小组成员都达到了预期的学习目的，才能算是真正完成了学习任务。教师将合作学习形式运用于翻译教学中，极大地提高了学生学习的积极性。

一、合作学习法简述

合作学习法是一种以团体形式组织起来的集体学习方法，它是一种系统的小组合作工作方法，Numan将这种学习方法归于经验语言学习模式。合作性学习策略强调团体合作，以学生为中心来组织教学活动，强调学生的自我及互相指导、个性发展、内在的动机及合作意识。成员之间的合作动机和信息差距

(information gap)是合作得以进行的基础,合作学习的目的是使各方在合作过程中获取有价值的信息,以弥补自身在信息、知识和能力等方面的不足,并获得心理上的满足和快乐。合作者要遵循一定的原则,即合作各方为取得共同的学习目标而进行多方面的配合。合作式学习必须具备以下5个特点:

第一,学生之间有与他人合作以完成任务的心理需求;

第二,学生有能力总结、提供和接受各种解释性信息并通过以往的学习经验来完成互动活动和口头交流;

第三,学生必须能各自学习语言材料和帮助他人学习语言材料;

第四,学生必须练习社交技能,如鼓励他人如何在不挫伤对方感情的前提下表达自己的不同意见,轮流参加活动以及解决冲突等社交技巧;

第五,必须给予学生机会去分析自己的小组如何更好地运作以及如何运用社交技巧。

合作学习法源于早期的希腊。在西方教育界,大多数教师采用这种模式来组织课堂学习。采取合作学习法基于以下5个理由:①积极的彼此独立性;②保证学生的参与;③促进学生—教师—学生之间的互动;④有助于培养社交技能;⑤有利于探索和实施小组活动运行模式。近年来,我国也有一些外语教师将合作学习法引入课堂,并取得了良好的效果。

二、合作学习对学生所起的作用

合作学习打破了传统的教学模式,在教学中营造一种协作式的温馨轻松的学习氛围,有利于激发学生求知的本性,发挥学生自身的潜能,共同学习、互相激励、相互促进。合作学习的好处可以归纳为以下5点:增加学生使用目的语的总量;提高学生使用目的语的质量;提供更多个别指导的机会;拥有学习语言的轻松环境;提高学习积极性。

笔者结合自己的教学实际,将合作学习对学生的作用概括为以下4点。

(一)增强学生的自信和自尊

在合作学习中,学生学会互相依赖、互相鼓励,从而克服学习中的焦虑感。

让学生在练习和对自己"译法"的自圆其说中建立起自信,通过教师的不断鼓励以及小组成员间的相互激励与通力协作,合作学习更容易使学生在竞争环境中保持自信和自尊,从而更愿意尝试新的任务并取得更优异的成绩。

(二)激发学生的学习热情

三人行,必有我师,学生不仅可以从教师的教学中汲取知识,也可以通过合作学习获得知识。在合作小组中,学生相互支持和配合,实现的是互动式、协作式的学习,为不同层次的学生提供了更多参与学习的机会,促进了学生之间的交流和沟通,增强了他们的学习自主性。成员间的相互支持和鼓励对缺乏学习兴趣或安全感的学生来说无疑是一种强大的动力,能够促使他们努力学习,配合小组完成相应的学习任务。

(三)提高学生的人际交往能力

人际交往能力是指在一个团体内部。他人和谐相处的能力。培养学生的人际交往能力是高等教育的一个重要目标。现代社会离不开开放的社会人际交往。一个团队就是一个微观的社会。良好的人际交往能力和人际关系是生存和发展的必要条件。合作学习能为学生提供广阔的交际空间,对交际能力的培养具有极大的促进作用。团队成员之间通过互动协作可以加强彼此思想、感情、信息的交流和沟通,学会正确处理人与人之间的关系,提高合作共事的能力,通过与人合作达到互赢互利。

(四)培养学生的团队合作精神

在 21 世纪的信息社会,全球性的各种相互依赖的活动更加频繁,对学生来说,学会积极的相互依存、面对面的合作显得尤为重要。合作学习在教学中强调培养学生的团队合作精神。团队合作精神是一个优秀团队的灵魂,是成功的基础。团队成员要有对团队目标的认同感,有对实现团队共同目标的责任感,有认可自己是团队一员的强烈归属感,有愿意合作并善于合作的意识。在合作学习中,每位团队成员要信任和尊重他人,学会欣赏和包容,不仅要有个人能力和责任心,更要有协调合作的能力,有整体意识、全局观念,并不遗余力地为实现整个团队的目标而共同努力。

三、合作学习理论在英语专业翻译教学中的运用

合作学习在教学中强调学生个体之间的相互支持和配合，实现的是互动式、协作式的学习，为层次不同的学生提供了参与学习的机会，促进了师生之间、生生之间的交流和沟通，并培养了学生的自主学习能力和团队合作精神。翻译教学中的合作学习应包括以下几个步骤：

第一，教师精讲。教师要把握翻译课的教学目的和学习要点，精要地讲解翻译教学内容中的重点、难点和技巧，为合作学习做好准备。

第二，学生参与。教师把班上学生分成几个组，每组以6~7人为宜，选出一名组长，确定组长和成员的职责，由组长组织本组成员按教师的要求开展工作。

第三，小组讨论。各小组领到任务后，组织组员就主题内容进行交流和讨论，发表自己的见解，互相交流信息和思想，选出最佳答案，教师可做适当的引导和帮助。

第四，小组报告。经过大家的讨论后，由组长或选派出的某个组员代表小组发言，在班上汇报本组讨论的结果。

第五，分析评价。教师要客观公正地对小组报告进行分析与评价，采用科学的检测指标和评分标准来检验学生的合作学习成果。既要发挥合作学习的效果，也要体现个人努力的过程，合作学习在教学中处处可寻，贯穿在整个翻译教学过程中。教师积极倡导学生参与到课堂的学习和讨论中来；学生也喜欢这种团结合作、参与竞争的学习方式。

合作学习在翻译教学中可以通过以下几种方式进行：

（一）课前的合作学习

教师在上第一堂课之前，可让学生谈谈对翻译的初步认识和了解，如希望在翻译课上学到什么内容、想让自己在翻译水平上达到哪个层次、对翻译课有何具体要求与疑问、在哪些文体上需要加强训练等，让学生分组讨论后以书面形式上交教师。教师可根据学生反映的较为普遍的问题，结合自己的教学经验

和该学期的教学目标确定教学进度计划和内容。教师有时可将某些教学内容在上课之前发给学生做预习的准备，让学生分组讨论，注意翻译中的英汉两种语言表达的不同，完成从读者到译者的过程。在翻译过程中遇到的问题可及时记录下来，带着问题来上课。教师还可让学生在课前以个人形式完成翻译材料中好词佳句的摘录工作，包括名人名言、谚语、格言、警句、小说、散文或诗歌中的片段等，然后分小组在课前进行介绍交流，选出小组中的最佳代表与作品参加课内陈述报告的表演。

（二）课内的合作学习

1. 陈述报告

教师可以让学生在翻译课堂上做陈述报告，这是一种锻炼学生综合能力的重要形式。可根据具体情况确定做陈述报告的次数。笔者的做法是将班上学生按每组 6～7 人分成几个组（从性别、学习层次及性格等方面进行搭配），每组由一名组长负责，按组次轮流在每次翻译课上做一次。教师对这样的小组活动要有说明要求、指导方法及注意事项等，杜绝学生偷懒，避免走进学习的误区。课堂上的陈述报告是学生在课前选出的最佳的代表和作品，学生在推出翻译材料之前可适当介绍一下背景知识，然后就材料本身请同学们进行分组讨论，提交自己的译文。这种训练方式既培养了学生的听说能力，又提高了翻译能力，还让学生在教师技能上得到了锻炼。

2. 小组讨论

合作学习不但需要小组成员之间互相交流思想和信息，还需要互相合作后确定一个或多个讨论结果。小组讨论这种活动方式比较有利于培养学生对教师、同学及翻译材料的正确认识，在交流中体会到与同学合作的乐趣，促进交际水平的提高。在这一环节，教师确定讨论的内容，可讨论某次翻译作业、某个话题、某个语篇等，要求组内成员有分工也有合作，先完成自己该承担的部分，再与其他成员对接，积极参与到讨论、提问和回答问题中来。教师要给予一定的时间限制，在控制时间范围内一般不要中途打断学生的发言，以免挫伤学生的学习积极性，但如果一旦发现讨论偏离了主题，教师就要及时介入，夺回话语权，保证小组讨论的有效性。

3. 小组练习

翻译教学是一门理论与实践相结合的学科,在教师讲完一些翻译理论和技巧后,就要有意识地给学生布置一些翻译练习让他们在课堂上完成。教师可结合学生实际,选择一些既能吸引学生兴趣又能达到练习目的的课内外材料,如具有代表性的一些段落或篇章等,要求学生经历人人准备、共同讨论、集体修改、汇总定稿的过程,让学生真正做到相互学习、取长补短、集思广益。在练习过程中,教师还要指导他们正确地使用工具书,提高翻译速度,训练全译、摘译及编译等方面的能力。

4. 小组评价

评价是学习过程中的一个十分重要的环节,让学生参与评价,不仅可以改变他们在传统教学中的被动地位,还可以使其从评价中得到启发,找出改进的方法,提高翻译能力。小组评价就是让同学们相互交换翻译练习或作品并提出修改意见和建议的小组活动。通过评价和批改可以加深学生对错误的认识,增进同学之间相互学习和交流的机会,锻炼发现和解决问题的能力。小组评价还能使学生由被动接受知识转变为主动学习知识,有助于发挥学习的积极性和创造性,在不断完善译文质量的同时,可以适当地减轻教师逐个批改作业的负担。

5. 讲评总结

教师对每组学生的翻译练习要给予讲评,把练习中出现的普遍性问题在课堂上重点讲评,讲评时指出问题出现的原因,不断总结规律,寻求解决问题的最佳策略。教师既要帮助学生发现错误、纠正错误,又要肯定和保留学生译文的可取之处,还可印发优秀的翻译作品,供学生借鉴和学习。教师要让学生正确地理解英汉语在语言表达上的各自特点与差异,多给予学生鼓励和引导,帮助其树立自信心,提高翻译能力,教师在讲评中还要不断总结学生每次合作学习的优势和不足,制定合理的"合作原则",提高合作学习的效率。

(三)课后的合作学习

课堂上的时间十分有限,有时对一些在课堂内处理不完的翻译材料可以在课后解决,课后的合作学习是课内合作学习的延伸和发展。在课后的合作学习中,教师可让学生完成以下几方面的内容:

1. 理论学习

教师把翻译理论的基础知识、翻译界的最新动态、翻译研究的发展与方向等材料发给学生，让学生分组讨论教师提出的问题，写成书面报告，上交教师审阅。学生可从中了解到一些与翻译相关的知识，从而拓宽翻译学习的视野。

2. 佳作赏析

给每个小组推荐翻译名家的作品，如小说、戏剧的片段、散文、诗歌等，让学生阅读和鉴赏译文佳作，体会翻译的"美"，从文学素养上提高语言表达能力，为进一步学好翻译奠定语言基础。

3. 小组辩论

辩论是一种极具挑战性和竞争性的活动，在一定范围内开展小组之间的辩论可以锻炼学生的思辨能力与语言表达能力。教师利用课余时间在每两个小组间进行翻译辩论，其他组的同学当听众和评判员，会使全体学生受益匪浅。

4. 竞赛活动

开展翻译小组之间的比赛能激发学生的学习兴趣，使学生通过对比来发现问题，提高合作学习的效果，教师要给胜出的小组一定的奖励，让其体验成功的喜悦，对失败的小组也要鼓励，希望他们在失败中总结经验，为下一次竞赛的成功做好准备。

四、实证研究——合作学习模式在高校翻译课堂的用

下面以 90 分钟课堂教学为例，展示合作学习模式在大学商务英语翻译教学中的应用。

（一）课前准备

学生分为若干学习小组，每组 4~5 人。教师在课前将本堂课的预习任务以书面形式分发给各小组，预习任务包括以下几方面：①学习目标；②本堂课相关专业词汇；③本堂课相关知识的提问。

这一阶段为预习阶段。预习是提高学生课堂学习主体意识的重要途径之一，对相关词汇的预习可以个别进行，也可以小组形式集体开展。相关知识的提问

难度不宜过大，应紧扣学习目标里的认知内容。学生通过查阅教材、网络资料能够得出较为准确的答案。不同的小组设置不同的问题，也可共用其中一道讨论性问题。

（二）导入—预习汇报（10分钟）

本阶段为导入阶段。预习汇报以小组为单位，回答预习材料里的相关知识提问，此间教师应对答案给予适当的补充。讨论性的问题可能会出现争论，教师应注意把握课堂气氛，控制时间。以汇报讨论的形式导入有利于激活课堂气氛，将学生的注意力迅速集中到翻译材料所涉及的商务领域中来。

（三）分组练习（30分钟）

教师将翻译练习材料分发至各个小组，要求各小组于30分钟内交出一份统一的译文。教师在选择材料和组织练习时应注意以下几点：①练习材料不宜过短或过长，以中等水平学生20分钟内可完成的篇幅为准。②小组可采取组员独立完成整篇练习后讨论统一答案的方式，也可分工完成材料各部分的翻译后整合答案。③不同小组分发不同的材料，或每若干组使用同一份材料。这样做既可以提高课堂效率，也可形成组间对照。④注意翻译材料之间的联系性。

由于部分大学商务英语翻译的文本间存在立场对应的情况，如买卖双方相关文本的对应、买卖双方与中间方相关文本的对应。教师在安排翻译材料时可有意将对应立场的相关文本（如针对同一商品的报盘函与还盘函）分给不同组，这样可以在下一环节安排对话式表演来进行汇报。在整个练习过程中，应强调学生的练习速度，教师游走于不同小组之间，或参与小组讨论，给予适当的提示。

（四）汇报（40分钟）

小组派代表宣读译文。翻译相同材料的小组可发表不同意见，其他小组可提出疑问。教师宣读标准译文，并就学生译文和标准译文进行适当评述，介绍相关翻译技巧。若有对应的文本材料，可采取对话表演的形式汇报。教师将传统教学方式中的讲授部分融合于汇报阶段，点评时结合讲解翻译理论与相关知识，指出学生译文的长处所在和误差所在，点出需要识记的标准套用句式。

（五）小结（10分钟）

由教师对本堂课知识点做归纳总结，点评各小组的表现。

（六）作业

作业应强化核心词汇的应用，并布置难度与长度适当的翻译材料，要求学生独立完成。

以上为合作学习模式在 90 分钟大学商务英语翻译课堂教学中的应用。教学实践证明，合作学习模式对于增强学生学习主体意识、提高学生的课堂积极性和互助合作意识起到了积极的作用。分组讨论的学习方式在大学商务英语翻译教学中的应用，有助于学生克服畏难厌学的心理。通过讨论实践和团体成绩的评价，学生能较好地结合语言的特色和翻译技能，有意识地提高译文的专业性。

启示：

合作学习模式能充分调动学生的学习自主性，但是大多数中国学生习惯以教师为中心的被动的教学模式，故合作学习模式在实施初始阶段可能会出现学生不配合、活动无法开展、课堂进度缓慢等情况。此时教师应耐心引导学生转换观念，不可为赶进度而放弃合作学习模式。实践证明，只要引导得当，经过一段适应期后，大多数学生都能够愉快地参与到合作学习中来。合作学习模式有利于从整体上提高学生的学业成绩、改善班级内的学习气氛，但同时也容易使个体的学习情况受到忽视，个别成绩较差或者自主性差的学生在自主学习的班级氛围下反而变得更加消极，这就要求教师平时多注意个别学生的学习情况，适时给予帮助和鼓励。另外，在小组汇报阶段，应保障每个组员在一学期内至少上台汇报一次。团体成绩的评价方式不利于教师在课堂上掌握单个学生的表现，因而教师应通过课后作业来了解学生对知识的掌握情况，必要的时候可建立语料库，为日后教学提供范例和指导。课堂任务无须严格按照教材中划分的模块规划，教师应根据实际情况，分拆重组单元，以保障课堂任务与日常情境挂钩。

在翻译课程中，教师不仅是为学生"传道授业解惑"的知识传播者，还应该是管理者，所以教师应主动明确地为学生确立学习目标，在宏观上调控学习内容、学习进度和学习方式。教师在授课时应最大限度地激发学生的学习热情，并主动弥补、丰富学生的知识。从教师作用的领域和显隐程度来说，教师应从微观上退回到宏观与微观相结合，从过去的凸显退回到时隐时现上。所以，教师应由原来的裁判者转变为引导者,并参与到学生的学习中去,与学生平等地沟通,在合作学习中以学生为中心,教师起到宏观调控的作用,所以大多数教师的调节是隐性的。此时教师应该是管理者,帮助学生确立学习目标,确认学习内容、学习进度和学习方式。同时,教师还是引导者,可以激发学生的学习热情,不仅如此,教师还应该是合作者,能够弥补、丰富学生的知识。例如,教师应合理地安排好授课时间,不能对学生进行"大包干""一揽子工程",不能自己从头讲到尾,或是象征性地让几名优秀的学生来问答问题,以示课堂上有了教师与学生之间的互动。教师应合理地布置任务、明确目标,根据学生的层次相应地将学习任务分配给各个学习小组,做到面向全体、因材施教、分类指导、全面提高。

第五节 互动教学法在翻译教学中的应用

学习就是一种互动的过程,是一种协作习得的过程。建立翻译课程互动教学模式,符合人类对事物的认知。这种教学模式一旦建立,至少将会产生以下效果:

①学生真正成为学习的主体和中心,有利于激发学生的兴趣和动机;②学生全程参与互动,有利于鼓励学生进行批判型思维,更易于形成个体的学习风格;③在互相协助的过程中,有利于学生消除学习中的紧张焦虑情绪,提高学习效率;④教师在互动中是协作者、促进者、资源顾问,在互动的过程中帮助学生构建翻译能力。也就是说,教师最终让学生收获的,不仅仅是翻译的理论知识和具体的翻译技巧,也是独立的工作能力和翻译能力。

一、互动教学法简述

互动教学思想源于社会学中的互动理论。众所周知,欧洲是人类历史文明发展的摇篮,20世纪的欧洲更是当时社会学研究的故乡,在此也理所当然地萌发了许多影响重大而深远的理论,如较早的结构功能主义及其对立的冲突理论和社会学的分支研究相关理论(实证主义社会学、心理主义社会学、社会学主义）等。这些理论和思想都深刻地影响着社会学的构建与完善，同时广为流传、影响深远，互动理论正是在这样的历史社会大背景之下应运而生。世界和人是实用主义的两大主题，世界具有不稳定性、选择性、创新性和可能性；人之所以为"人"，主要是通过人与自然、人与社会、人与人之间的相互共同作用而形成的。符号互动论又被称为象征互动论，他们认为社会不是独立存在的，而是由个体间互动而构成的。当然，要了解、探寻社会中存在的各种社会现象也只有从这些互动行为中来寻找，其关注点在于社会互动过程与社会关系。

米德（Mead，J.H）被公认是互动理论中最有影响的创始人，他的互动理论的基本思想是：个人、自我、社会均产生持续不断的对话与交往，人类的交往是通过有意义的动作，即有别于非人类的自觉意识的影响而实现的，动作被行为者赋予了意义，手势也就变成了符号，符号的互动正是人类行为的本质特点。米德的互动论认为互动存在以下两种不同类型的对话倾向：首先是"外部世界的对话"，即人与外界（社会、自然、他人）之间的一种互动；其次是"内部世界的对话"，即人自身内在不同方面间的一种互动。但"符号互动论"一词最早在米德的学生布鲁默（BlumerH.G.）名为《米德思想的社会学意义》的著作中提出，他认为只有"符号互动论"最能概括米德关于互动论的主要思想。

自布鲁默之后，互动论开始在米德和布鲁默研究的基础上展开，并形成了以下几个假设：①遵循相对纯粹的"布鲁默主义"的理论立场，坚持解释的意义并对直接的开放的互动做进一步的研究；②继续坚持外部环境对行动的意义；③进一步发展米德的自我理论；④在超越社会与自我之间的障碍方面做出努力。通过对社会学中互动理论的分析发现，关于我国教学论的研究至少有以下几点值得我们借鉴：

第一，将研究视角放在具体的人与人之间的互动上，可以使教学论研究进入具体的课堂环境，可以使我们关注师生的具体行为和具体教学情境，为教师的教学提供切合实际的帮助；

第二，就学生的发展而言，传统的教学论总是强调学生的发展是教师行为的结果，忽略了学生本身的知识建构问题，忽略了学生行为的习得和各方面的转化取决于学生自身对外部环境的影响、解释与反思；

第三，互动理论强调互动是人与环境的作用；

第四，互动教学要求不仅要关注教师单方面的进步，更为重要的是通过与其他人环境互动，来促进学生的内在发展和教师自身的可持续发展。

二、多元互动教学的特点

（一）教学因素的互动交融性

在大学英语多元互动教学模式中，各种教学要素不是孤立的，它与其他教学因素紧密相关。它是将教学主体、教学手段、教学方法、教学材料、教学环境、教学组织形式、教育政策等多因素交织为互动的一体并协调发展的动态过程。从互动主体上来讲，教学主体（师生）之间、教学环境（教学政策、教学资源—多媒体网络等）与教学主体之间、教学场地（课堂内外）、教学结果与教学过程之间都产生了积极的互动。从互动形式上看，该模式中既有显性互动（如师生互动、生生互动、生机互动等），也有隐性互动（如教学政策与教学过程之间的互动、学生活动中的文化互动以及课堂上下教师与学生的情感互动、认知互动等）。可见，大学英语多维互动教学模式是认知与情感、形式与意义的统一，互动的交融性是该模式的核心特征。

（二）互动的层次性与自主性

多元互动教学模式对学生的学习内容、学习方法、学习过程与进度、网络媒体的使用等不做统一的规定和要求，而是以师生共同制订的"自学—指导"计划为风向标，以互动任务为驱动，充分尊重学生的个性，以满足不同层次学生的需要。同时，多元互动教学要求师生在课前课后必须做好充分的准备工作，包括课前学生与学习材料之间的互动，学生与学生之间的合作互动，学生与信息网络之间的互动，知识与实践之间的互动，学生与计算机的在线学习监控、测评措施等的互动等；还有课上师生的行为互动，人机互动，人本互动，生生互动，情感互动，认知互动，师生与教学环境、文化氛围之间的互动等。这些都需要学生充分发挥自己的主观能动性，因而在很大程度上培养了学生自主探索、互动协作和实践创新的精神。总之，在互动过程中，重视学生的思维和主动性成为互动教学关注的焦点。

（三）教学形式的多样开放性

多元互动教学从实质上而言就是要放手让学生干，还课堂于学生，赋予学生学习的自主权与主动权，这就需要学生积极地参与到教学活动中来，促进多元教学要素的有效互动。在此过程中，教师应当转变角色，为学生提供开放的互动环境，采取多样的互动形式，提供全方位的互动内容，引导多层次的互动主体等。多元互动教学采取"一纲多本"的教材，在全国统一的教学纲领下，根据地区的差异、学校的差异、学生的差异进行多样化的教学；教学也不再是"一言堂"的灌输式教学，而是赋予学生自主权，强调学生自身内部的互动与学生之间的合作探究学习，师生协助引导，注重学生主观能动性的培养和对自己的学习负责，引导学生学会学习、自主学习和终身学习，为实现学生的全面发展和可持续发展做准备。教学活动形式的多样性与开放性，不仅可以使学生积极参与到教学设计中，而且能调动学生的学习兴趣与热情，同时能为学生提供更多的展示机会。

（四）互动结果的互补互惠性

没有互动的教学不能称之为真正的教学。互动主体间之所以需要互动是因为互动的双方由于本质、能力、环境、性格、背景、思维方式、需求等都存在一定的个体差异性，这就为双方的互动提供了充分的必要条件，同时，这样的互动行为必定会带来相应的互动结果。互动的结果应当是互动双方通过互补互惠、实现双赢而形成的一种强大合力，这种合力无疑高效地提高了互动教学的教学效果，同时互动类型的多样化也使得互动结果的互惠互补更加丰富多彩。"以教促学，以学促教""教学相长""生生互助共进"就是我们在教学活动中体现互动互惠互补的最鲜明的例子。总之，以牺牲互动一方的利益而得到的教学效果不是真正的互动，互动的目的和结果是为了互动各方因多元互动而实现互动多方多赢的教学成效。

三、翻译课程互动教学模式

怎样来实施互动教学模式呢？如何才能真正做到"任务型"教学呢？如何才能真正做到以学生为中心呢？如何让学生在实践和思索中，在交流和探讨中发现、运用双语转换的规律，从而最终提高翻译能力呢？这就需要在整个教学活动中全程贯彻互动教学，通过教学过程中的师生互动、生生互动、课内互动以及课外互动达到翻译课程的真正目的。现将这一教学模式介绍如下。

（一）课内互动

1. 开学初的课程互动

开学的第一堂翻译课，教师并不急于向学生灌输翻译史或翻译理论等方面的知识，而是与学生交流，了解学生对翻译的认识和理解，了解学生对翻译课程的期待。一般说来，此时学生对翻译难免存在一些误解，如会把翻译简单化，对翻译课程的期待过高，或者将翻译课程当作提高能力的后续课程等。这时，教师就需要做一些必要的解释，引导学生树立对翻译的正确认识，为后面的课程教学奠定良好的基础。当然，也可以和学生共同商讨课程的要求、作业以及完成方法，第二学期开学初，则可以让学生以书面形式告知教师对哪种文体感兴趣、想尝试译哪种文体甚至具体的哪些篇章，说明选择的理由，教师则综合学生的意见、自己的教学经验以及本学期的教学目标进行筛选，随后给出翻译练习的篇目，并给予充分的解释，让学生自己选择翻译的原文，有利于学生形成自己的翻译风格。因为教师的职责不是拿一些满是"陷阱"的文章难倒学生，使学生产生对翻译的畏惧感，而是指导学生认识到任何一篇始发语文章都可以有各种各样不同的译文，给他们指出各种不同的路径，使他们能够离开教师的扶持而独立工作。

2. 课堂汇报互动

在第一学期介绍翻译流派、翻译技巧等理论知识时，不是由教师唱主角，而是将任务分配给学生，要求学生以小组为单位收集相关内容，学生课前讨论之后，产生相对统一的见解，每个小组在课堂上派出 1 名代表进行 5~10 分钟的陈述，组内其他成员可以进行补充和说明。遇到有分歧的问题，小组之间也可以进行一些交流和争论。这种做法不仅可以让学生感受到教师对自己的信任，同时也便于教师了解学生对知识点掌握的情况，并进行具有针对性的讲解。这样有利于学生对知识的消化吸收，从而大大提高学生的学习效率。

3. 现场模拟互动

在课堂上，选择英文名著对学生的翻译能力加以培养。比如，在《简·爱》两个译本评析课堂上，在导入部分选取书中男女主人公一段经典的对白。利用多媒体将英文对话部分显示在屏幕上，先让两个学生分角色朗读，然后让另外两个学生分角色译成英文，接下来让2~3个同学点评，随后教师做点评，并与学生一起探讨翻译的得失，教师先要肯定学生的表现，同时也要指出需要注意的地方。在口译课程训练中，模拟宴会、记者招待会、商务洽谈会等真实场景，让学生在真实的场景中体会翻译的快乐和痛苦，学会琢磨、推敲、应变，这样不仅激发了学生的学习热情，克服了学生"等靠要"的思想，而且促进了学生对知识的消化和吸收，在"悟"中培养了学生的翻译意识。

（二）课外互动

1. 课前互动

由教师将课堂上要讨论的主题事先布置给学生，并提出指导性意见和具体要求。要求学生以小组为单位收集相关的内容，各小组组长将组员的任务细化，并上报教师，学生就各自收集的资料进行讨论，课前在网络课堂的聊天室里交流，也可以将不能解答或者感到迷惑的问题在网络课堂上以及答疑栏中提出。课前在讨论中产生相对统一的见解，课堂上进行小组汇报。学生在教师的指导下进行探究式学习，不仅能让学生在学习过程中真正领悟翻译的概念，而且有利于初步培养学生的科研能力，为其今后的论文写作奠定一定的基础。

2. 译前互动

在布置篇章翻译作业时，教师先告知原文的出处，让学生分析原文的文体、功能，并提醒学生在翻译时注意考虑译文读者的接受情况，恰当地处理译文功能，要求学生查询相关的背景资料。同时，也可以和学生一起讨论文段理解的难点和翻译的难点。通过这样的译前互动，可以部分避免学生翻译中的语言错误，改变传统教学中的"纠错"教法，把学生的注意力引导到翻译技巧的实践中去，引导学生发挥自己的优势，产生高质量的译文，有效地提高其翻译能力。

3. 译后互动

学生独立完成翻译作业以后，教师不急于让他们上交，而是要求学生以小组为单位,对翻译作业进行互评,在翻译本上写出评阅意见,然后分组讨论,最后每组上交一份自认为比较满意的译文,作为最终成绩。同时,每个学生也上交自己的译文修改本,便于教师把握学生的翻译进展情况,这样做的目的在于:①让学生了解要想产生满意的译文,一定要反复地修改、推敲,有利于学生养成良好的翻译习惯;②有利于培养学生分析、评判译文的能力;③小组讨论可以在学生之间形成互帮互助的氛围,有利于培养团队精神;④改变教师批改翻译作业时费时耗力的局面。因为学生在讨论的过程中基本上可以消灭拼写错误、语法错误等,这样教师可以集中精力对学生的语篇、文体等进行翻译方面的指导,提高教学效果。

4. 译文评析前互动

这个环节主要指的是学生完成译后互动行为之后,在规定的网络互动时间内进入翻译网络课堂的聊天室进行师生、生生、组内、组际互动。互动的内容包括翻译过程中的得失、翻译策略选择以及具体的翻译词句探讨等。这样做的优势在于:①通过进一步的交流,有利于学生之间取长补短;②给性格内向的学生提供一个表达自己见解的机会和空间;③便于教师更好地把握学生的情况,在课堂上进行有针对性地讲解。

(三)互助评估

评估是教学中一个不可或缺的环节,有效的评估体制不仅可以正确评价学生的学习情况,更有利于教师了解学生的学习动态,把握自己的教学现状,从而进行教学方式的调整,不断提高教学质量,翻译课程评估将形成性评估和互动评估有机地结合起来。

1. 作业互评

作业互评要求学生在译文中留下修改的痕迹,写下评阅意见,并签上评阅者的姓名,教师收上翻译本子后,不仅可以看到学生的学习情况,同时也可以了解评阅学生的译文评判能力,教师根据译文情况以及评阅情况同时给两个学生打分。这一环节主要根据学生的学习态度打分,其目的在于培养学生良好的翻译习惯和认真负责的翻译态度。

2. 网络互动

网络互动的所有内容会被自动保存下来，评分主要根据学生的参与情况来进行，其目的在于鼓励学生积极思考翻译问题，不断进步。

3. 课堂汇报

课堂汇报评分主要由两部分组成：一个是学生评分，另一个是教师评分。学生评分包括自我评分和他组评分。在所存评分中去掉一个最高分、一个最低分，以最后的平均分作为成绩。评估的标准包括内容（50%）、逻辑（20%）、语音语调（10%）、应变能力（20%）。

4. 翻译作业

翻译作业的批改可以采取以下两种形式：①在一学期中，教师逐个批阅所有学生的作业三次，即学生的第一次作业、期中作业以及期末作业。第一次翻译作业的批改可以使教师从整体上把握学生的现有水平，便于实施相应的教学策略；期中作业的批阅可以使教师了解学生的进展情况，便于针对出现的情况适当调整教学方法；期末作业的批阅便于教师了解学生一学期的收获，总结自己的翻译教学。②学生小组讨论后产生一篇自己比较满意的译文，通过网络课堂上交；教师课前评阅，课堂上讲解分析译文后给出评分标准，匿名展示每个小组的译文，让学生根据讲评要点和评分标准进行公开打分，并说明理由；最后由教师综合情况给出分数，这种评分办法公开透明，有利于发挥教师的引导作用，将理论化、条文化的翻译知识和翻译实践结合起来，从而培养学生的翻译意识和批判性思维能力，提高学生的翻译实践能力。

5. 期末考试

在期末考试中，除了传统翻译题型以外，还可以设计20%的译文评析题型，要求学生利用所学的翻译理论知识和翻译技能，认真研读所给的原文和2～3篇译文，对译文进行评析，判断优劣，做到观点鲜明，有充分的例证，条理清楚，逻辑性强，能够自圆其说。这种考核方式也是评估阶段师生之间的一个互动，这种方式能更全面地评估学生对教学内容的掌握情况和综合运用所学知识的能力。

第七章 基于跨文化交际的商务英语翻译教学建议

第一节 对商务英语翻译教材提出的建议

教材即为教学材料，对于任何一门课程而言，教材建设都起着十分重要的作用，其质量高低在很大程度上影响着教学质量。翻译教材是翻译教学的一个重要组成部分，是翻译课程目标和内容的体现，也是翻译教师和学生开展活动的主要工具。翻译课程的成功与否65%取决于教师的水平，20%取决于课程设计，15%取决于教学素材。

综观国内目前的翻译教材，可谓琳琅满目，各具特色。适合不同层次、不同需求的教材应有尽有，但质量却令人担忧。翻译教材研究明显滞后于翻译理论研究。

教材是翻译教学的工具和理论指导，其意义不言自明。编纂实用且有价值的翻译教材乃意义重大。翻译教材的编写首先要有一个目标和定位，针对不同的读者群体、学习者群体，教材建构模式当然不一。

一、翻译教材现状

翻译教材主要分为三类：一是词法、句法流派翻译教材；二是功能流派翻译教材；三是当代译论流派翻译教材。词法、句法流派翻译教材是指以词法、句法为纲编写的教材，被称为传统教材。此类教材中的词法、句法是以传统的英语语法，即描写性语法为基础的，教授这类教材所用的教学方法通常是语法翻译法。这类教程布局谋篇的共同点是以词法、句法为线索编排全书的内容，对翻译理论的阐述比较薄弱，甚至有的翻译教程对理论部分避而不谈。功能流派翻译教材主要包括以下几种：以语言的功能为重点，以交际为目的的教材（如口译）；满足社会需求的翻译教材（如商务英语及法律商务英语翻译教材）；满足学习者需要的教材（如专题讲述翻译中常见的难点及难题）。功能流派翻译教材在翻译理论方面也比较薄弱，实例较多。当代译论流派教材在编排上已经看不出外语教学的一般特点，而是以编者所认同的翻译理论为基础或是以翻译问题为编写单位。教程除了以一定的理论贯穿全书外，还有一些语篇专门讨论翻译问题，或编者就某些问题提出自己的观点。在阐述方法与技巧时，该流派教材多数是运用当代翻译理论去解释翻译过程中理解与表达的问题，并分析各种译法的原因。

目前各个院校使用的大学商务英语翻译教材基本上属于词法、句法流派，英汉两种语言的对比所占篇幅较大，而且关注各种词、短语和句式的翻译，理论部分较为薄弱。

各类翻译教材的通病：一是多数翻译教材主要分析基本的语言结构和句型转化，缺乏原创性和启发性；二是许多教材持传统观点，认为翻译中不可随便增词和减词，要译出原文的全部内容；三是翻译教材将翻译教学视为语言教学，不关注市场的实际需要；四是翻译教材在讨论翻译技巧时，仅关注语言和文本，忽视了与翻译关系紧密的文化和政治因素；五是翻译理论过于宽泛，而且介绍的模式基本相同，一些理论在中国语境下难于理解；六是一些翻译教材不能迎合不同学习者的需求，没有明确的目标；七是所选择的语言材料缺乏科学性、信息性以及时代性，从而不能提供给学习者实用的翻译策略；八是译例主要来自文学作品，过于文雅的翻译是学生望尘莫及的；九是在谈论语篇翻译时，提供的背景信息不足；十是多数翻译教材忽视了学习者和教师的心理因素，不能激发学习者的学习兴趣。

上述问题同样也是大学商务英语翻译教材所面临和亟待解决的。为实现翻译目标，教材仅在词法、句法层面对比英汉两种语言以及简单地介绍一些词法、句法翻译技巧显然是不够的。大学商务英语翻译教材不仅应提供基本的翻译技巧，更应提供技巧背后的理论支撑，不仅使学生知道"怎样译"，而且知道"为什么这样译"，做到"授之以渔"，使其能举一反三，透析翻译本质。然而，各类大学商务英语翻译教材,甚至包括英语专业和翻译专业的教材,在设计和编纂方面都存在不同程度的问题。下面就翻译教材普遍存在的一些问题进行列举说明。

(一)教材编排问题

目前,包括大学商务英语翻译教材在内的各类教材都是以词法、句法流派居多。大多数翻译教材在编排时侧重点还是放在语言的基本结构或是语言的转换上。这主要是源于以下因素:首先,编著者心目中的读者对象是外语学生,教材的任务与目标是加深学生对语言的认识或提高外语水平;其次,编著者本人是语言教学专家而不是翻译专家,他虽然也可能做过一些翻译工作,但是对现实社会的实际翻译操作了解得不够深入;最后,在翻译教材编纂者心目中,语言能力与翻译能力、语言教学与翻译教学是画等号的,或者至少是大致相同的。有些教材开篇就讲词、短语、句子等翻译,理论根本不加介绍。好一些的教材虽然前几章简单介绍理论背景、翻译原则、过程及方法等,但一落实到具体译例的分析,又回到语言教学的轨道上来,根本不能突出翻译理论对翻译实践的指导作用。另外教材中介绍的翻译理论不具有典型性和前沿性,理论相对比较陈旧,概括不全,与该学科领域新近的发展动态不匹配,以致学习者不能从多个视角、多个维度审视翻译现象,只能听取一家之言,不利于翻译能力的培养。

(二)理论与实践脱节问题

大学商务英语翻译教材理论与实践脱节现象是比较显著的。在对译例进行分析时,仅就事论事,见不到理论支撑的影子。有些教材根本对理论避而不谈,直接堆砌例子,进行简单的技巧分析。一些教程虽然在开篇部分介绍些许中外翻译理论,但也都是轻描淡写,蜻蜓点水,仿佛只是编书结构上的一种需要,或者一种摆设,理论与书中译例技巧的讲解几乎没有关联,各行其道,理论和实践形成"两张皮"。可见理论基本没有发挥作用,更没有和翻译实践相结合。有些教材中的翻译理论甚至与其提供的翻译方法或技巧本身就不符,造成学习者产生困惑与误解。事实上,翻译方法和技巧是理论结合实践的桥梁,各种翻译策略应是在相应的理论指导下产生的。忽视理论,各种策略技巧就成了无本之木，无源之水，学生在翻译练习和实践中便不能够独立解决问题。另外，教材很少注重对翻译过程的描写，把翻译当作一种成品，呈现给学生的仅仅是完美的参考译文，让学习者缺乏亲身实践，对名家的佳作只能"望译兴叹"，不能真正体验到翻译过程的苦与乐，也无法切实提高自身的翻译能力。

二、对翻译教材编著的建议

不可否认，教材在教学中起着非常重要的作用，尤其是在外语教学中，诸如精读、泛读、听力、口语、写作等课程的教材可谓举足轻重，特别是精读教材更是实施外语教学大纲的教学目标、教师组织教学活动和学习者学习的重要依据。翻译课程作为外语教学的核心课程之一，当然也离不开教材。关于翻译教材问题，尤其是对21世纪之前的教材，已有学者进行探讨。那么进入21世纪的今天，翻译教材是否在内容上发生了变化，教学过程中应该选用何种翻译教材，翻译教学的内容该如何取合，从而适应新时期学习者翻译能力的培养，这些都是值得重新审视和探讨的问题。

由于翻译是一门综合学科，至少与语言、文化、文体、翻译理论发生联系，所以编写翻译教材并非易事。这个问题比较复杂，因为翻译是综合性课程，它至少应是语言学、文体学、翻译学等学科的综合。把这几个学科的基础理论、基础知识及基本技能糅合成一个较科学的教材系统那就应该是理想教材追求的目标。因此，编出好教材是个苦差事，对编者条件要求很高，对教材的科学性与规范化等要求也很高。教学有不同的目标，不同使用者有不同的要求，所以要编出受较多师生欢迎的教材是非常困难的。

翻译教材中当然不能缺少词汇、语法、句法的层面，尤其是两种语言在用词、语法和句法方面的区别，但是词汇、语法和句法只能是翻译教材的一个方面，而且在谈及词汇、语法和句法的对比时举例要丰富，不能只是传统的文学例证，应该包含涉及各种题材和文体的例证，这样的讲解才有说服力。除词汇、语法和句法外，翻译教材应该包含语篇翻译的讲解，文体知识与语言知识相结合，毕竟将翻译作为专业技能来学习的翻译学习者走上工作岗位以后是要从事语篇翻译实践的。有鉴于此，笔者认为翻译教材的内容和编著应注意以下几点：

第一，翻译教材编写的目的要明确。翻译教材针对的读者对象是将翻译作为专业技能来学习的读者，这些读者以后会从事不同行业的翻译，尤其是随着中国经济的发展，实用文体的翻译将是更大的需求。因此，教材编著者要明白，翻译教材应该是时代的产物，应该是为社会服务，应该综合体现翻译知识，包括语言知识、文化知识、文体知识和相应的翻译技巧。也就是说，翻译教材编写的目的是既要提高学习者的语言能力，丰富学习者的语言知识、文化知识和文体知识，又要培养学习者应用语言的能力，即翻译能力，使学习者有的放矢地掌握翻译技巧。

第二，翻译教材的编著者应该既有扎实的中英文功底，又有翻译专业学习的背景、丰富的翻译实践经验和翻译教学经验。翻译教材的编著者首先应该具有扎实的中英文基本功，因为扎实的语言基本功能够保证教材编著者提供的译例是确切的翻译，也就是说用准确地道的目的语传达出原文的意思和文体色彩，而且扎实的语言基本功还能够保证教材中英文讲解的语言质量。其次，编著者要具有翻译学习的背景。这里关于"翻译学习的背景"指的是编著者至少接受过翻译专业的硕士学习，因为一般说来，各学校翻译专业硕士至少要开设翻译实践课程（包括普通翻译、文学翻译、商务翻译等）、英汉对比课程、语言学基础课程、文体学课程、翻译理论课程、文化课程等，这些课程的开设使得翻译专业的硕士能够进一步熟悉英汉差别，掌握翻译技巧与语言差异之间的关系以及文化差异和文体之间的关系，而且在学习这些课程的同时这些编著者一定也阅读过大量的有关书籍和资料。这样的学习背景会使得翻译教材的编著者在编写教材时考虑到以上因素，从而使得翻译教材编写更具科学性和学科性，将语言对比、文化对比、文体知识融入编写的教材之中，从而使翻译教材不流于只重视语言、词汇的层面。再次，翻译教材的编著者应该具有丰富的翻译实践经验，因为只有这样编著者才能够将自己从翻译实践中总结出的规律编写进教材，从而使得其中的讲解更具说服力，更重要的是，翻译编著者可以将最新的材料编入教材，使得翻译教材所用实例更加丰富，更具时代特色，更能引起读者的兴趣。最后，翻译教材的编著者应该具有丰富的翻译教学经验，因为丰富的教育经验可以使得编著者更好地了解读者的需求和读者的水平，从而使得教材的编纂有的放矢，水平适当。

第三，翻译教材的内容要综合实用。建议编写一系列核心翻译教程，包括翻译的基础知识（词法对比与翻译、语法对比与翻译、语篇对应）、翻译与文化、翻译导论、译文赏析、口译教程、商务翻译、科技翻译、法律翻译、文学翻译、传媒语体与翻译策略、专业翻译知识、翻译工具书和运用、国际互联网与翻译、机器翻译。其中，可将商务翻译、科技翻译、法律翻译、文学翻译和机器翻译作为外语专业翻译方向本科生的选修课，其他作为通用教材，翻译学系的本科生则可全选。当然，这里所述的是系列教材，作为翻译实践课程，笔者认为需要一本适用于学习翻译的所有大学生的综合教材。该教材可以包括从词汇、英汉对比、文化到文体翻译的各个层面，关于词汇问题，可以包括词义与语境以及翻译中对应词的选择，英汉对比则可以包括若干中英文的差异问题，如句式结构对比、时态和语态对比、形合与意合对比、静态与动态对比、抽象与具体对比等等，文化方面可以挑选与文化密切相关的语言现象进行讲解，文体层面可以包括几种常见文体的翻译，如叙事文学、散文、报告、旅游、商务信函与商务合同、公司宣传、科普等，重点讲解这些文体在用词、语法和句法、风格等方面的特色以及相应的翻译策略。上述这些内容基本能在三至四个学期讲完。以上内容从语言基础到文体翻译，实际上是一条从基础到提高、从微观到宏观的线索，融合了词汇学、句法学、语法、文体和翻译技巧等诸多方面，既有助于翻译学习者提高自己的语言水平，又有助于提高其翻译水平，还能帮助他们丰富自己的文体知识。上述内容可以融汇在一部教材当中，也可以分别编入两部教材，第一部讲英汉语言和文化对比，第二部讲文体与翻译。

第四，翻译教材应该将同步涵盖英汉互译。纵观自改革开放以来市场上出现的各种翻译教材，不难看出，大多数的翻译教材都是单向的，要么只讲英汉翻译，要么只讲汉英翻译，很少将这两种语言的双向翻译放在同一本教材中讲解，而且英汉翻译的教材明显多于汉英翻译教材。这实际上是一种不科学的现象。从具体操作层面看，翻译实践过程中译者需要更多地考虑两种语言在词汇、句法和语篇上的异同，在经过细致的比较之后才能更好地选择对应词，才能使句子读起来更像目的语，才能更好地将原语语篇译成地道的目的语语篇，使译文更好地为目的语读者所接受。语言复杂多样，两种语言的成分很少能够简单地对应，而是要经过复杂的换算，因而无论从事外语教学或翻译，都需要对本族语和外语有比较全面的知识，作细致的比较，找出彼此的异同，这样才能学好外语，做好翻译工作。翻译教学和研究的经验表明，翻译理论和技巧必须建立在不同语言和文化的对比分析的基础上。英汉互译的基本原则和技巧以及时态、语态、语气等的译法，都体现了英汉的不同特点。因此，对比、分析和归类这些差异，便是翻译教学的重要任务。由此可见英汉对比在翻译教学中的重要地位，那么在编写翻译教材时，也应该对英汉翻译和汉英翻译进行同步讲解，这样有助于读者更好地认识两种语言在词汇使用、句法结构、语法现象、文化方面的区别，认识到不同语言在同一文体中的用词和句法等有何差异，从而能够相互借鉴，更好地掌握翻译技巧。这样的翻译教材编排才更科学，读者阅读时的收获和学习时的效果才会更大。

当然，很多时候，翻译教材只是翻译教师和翻译学习者在教学中的一种参考，所以翻译教材只是能提供一些原理和规律。由于翻译具有相当的实践性和实效性，所以更多的翻译材料需要来自教材之外，保持与时俱进。尤其是当今时代，社会上更需要实用文体的翻译，而这些实用文体具有很强的实效性，所以翻译教学的材料不能只停留在文学或文献的层面。这在中西方都是共同的，翻译理论在探讨翻译实践时更是如此。在西方，传统的翻译理论所谈的翻译针对的都是文献的翻译，这在中国也有相似之处，传统的翻译一般都重视文学翻译，可是在经济发展突飞猛进的21世纪，文学翻译只能看作是本科翻译教学的一个内容，商务信函、企业宣传、法律文件、旅游材料、报刊新闻、学术论文等涉及社会经济生活的许多方面的书面文本更需要翻译出来，为社会和经济的发展提供有益的借鉴，为中外交流提供必要的桥梁。

第二节　对商务英语翻译课程提出的建议

一、对翻译课程定位的建议

具有独立学科地位的翻译本科专业应培养何种规格的人才，是关系到学科专业定位是否准确的重要问题，也是一个关系到人才培养是否具有社会适应性的大问题。翻译系科(专业)的培养方案应明确有三个不同的层次：在本科阶段，就招生规模而言，这个层次是目前我国翻译系科（专业）的主业，应完全以翻译实践为主，也就是说完全以"术"为主。在研究生阶段，教学与培养方案原则上应理论与实践并重，并可根据各所学校的传统与特色在理论与实践两个方面选择侧重点。到了博士生阶段，培养与授课内容则应完全以理论研究为主，即便是应用性研究的博士论文也应建立在宽广扎实的理论基础之上。只有把本科生、研究生和博士生三个层次明确定位，按要求实施培养计划，一个翻译系科（专业）才谈得上有可能去谋划学科的扩展或发展。

当代社会的学科发展越来越快，学科分工越来越细，各学科领域的知识、科技发展异常迅速，作为个体的每个人很难在短时间内掌握和运用现代社会的全部知识和技术。穆雷将外语专业本科翻译培养目标定位为以培养翻译人才为目的的"翻译教学"；而鲍川运则认为："现在的情况应是教学翻译，即翻译课程是作为学习外语的一种方法，尽管客观上起了一定的翻译训练作用，但是由于其课程设置及训练时间，与以培养专业翻译为目的的翻译教学有着质和量的差别……""我国高等院校的翻译教学实质上仍然是外语教学的一部分，未形成独立的学科教学的格局。"目前，社会对翻译人才的需求在不断增大，在"相当一段时期，大学外语院系本科仍将是中国翻译人才的主要来源"，而专门培养译员的教学机构却寥寥无几，各地的翻译院系总共不过十来所，而且大多是刚刚建立，一切处于摸索之中，这与中国1 000多所庞大的高校教育机构相比，实在是微不足道。

从总体上看，本科翻译专业课程可以设置三大板块，即语言课程板块、翻译课程板块和百科知识课程板块。语言课程以培养学生对母语与外语语篇的感知、理解、欣赏、比较、使用的能力和以提高学生的综合语言素养为目标；翻译课程则要以翻译的理论、知识、技巧、方法和学生的双语转换能力为目标；而百科知识课程应以传授各相关学科专业的知识、理论和原理为目标。这三个板块作为整个课程体系的有机组成部分，既有各自的独立性，又有主有次，互相联系、互相支撑。其核心是翻译课程板块，语言课程和百科知识课程是为学生最终获得翻译能力和翻译素养服务的。学生的翻译能力和素养是由从学习三大板块课程中获得的知识、能力等相互融通、综合作用、内化而成的。以翻译通才培养为目标的课程设置，应力求全面、系统、有开放性，在突出翻译课程的同时，更应当注重百科知识课程的宽广度，文、史、哲、经、法、管等人文社会科学和理、工、农、医等自然科学的不同领域都要有所涉及。而以翻译专才培养为目标的课程设置，则应该具体、实用、有针对性，在打好母语与外语语言基础并获得扎实的翻译理论素养和过硬的翻译技能的前提下，在百科知识方面可以不必面面俱到，应根据不同学校的培养目标有所侧重。

翻译专门人才的培养与传统外语教学在教学目标、教学内容、教学方法与手段等方面有根本不同：

第一，教学目标。外语教学目标主要培养学生的外语交际能力，训练学生听、说、读、写、译的语言技能。这里的"译"在更大程度上是一种语言教学手段，目的是帮助学生理解和掌握外语语法、词汇，或用来检查学生外语理解和表达水平，作为增强学生外语能力的一种手段，而不是目标。

翻译教学目标则是建立在学生双语交际能力基础之上的职业翻译技能训练。翻译教学从职业需求出发，主要包括三个方面：语言知识、百科知识（尤其是国际政治、经济、法律等）和翻译技能训练（包括翻译职业知识）。

第二，教学内容。外语学习主要训练学生学习语音、语法、词法、句法等语言基本知识，基本不涉及语言的转换机制，而只是用单一语言去听说和表达。这也就是为什么一个能讲外语的人虽然能流利地用外语表达其本人的思想，但不一定能胜任翻译工作的原因。

翻译教学则主要是训练学生借助语言知识、主题知识和百科知识对原语信息进行逻辑分析，并用另一种语言将理解的信息表达出来，这些专门训练包括译前准备、笔记方法、分析方法、记忆方法、表达方法、术语库的建立等等。双语转换机制还涉及语言心理学、认知学、信息论、跨文化等多种学科。

第三，教学方法和手段。外语教学需要的是良好的外语交际环境，以便利用各种手段训练学生的听、说、读、写的能力。

翻译教学需要的是双语交际环境、特定的交际人、交际主题，包括翻译用人单位的需求等。翻译不能表达自己的想法，也不能阐述或掺杂译者自己的观点，而是要忠实地表达讲话人／作者的想法或信息。因此，需要利用各种可能的手段训练用一种语言理解信息，用另一种不同的语言表达相同的信息。这些需要大量的翻译实践才能够实现。

翻译作为一门职业，无论是兼职还是全职，专业化程度高，应用性和操作性都很强，从业人员不仅要具备扎实的中文基础和至少通晓一门外语，还要具备一定的语言学、翻译学知识，同时还要具备广博的其他学科（如经济、管理、法律、金融等）知识和实际翻译操作技能。翻译专业学位教育具有鲜明的职业特点，其培养目标是适应国家经济、文化、社会建设需要的应用型专业性口笔译人才。目前，国际上有270多所高校设有翻译的教学与研究项目，大部分侧重培养职业口笔译人员。

结合当今中国内地翻译教育教学的实际情况而言，翻译教育可以借用逻辑学概念，划分为归纳型模式和演绎型模式两种。归纳型模式，重视在教育过程中及各教学环节中进行先期性语言知识、语言能力、语言技能和翻译实践积累，由积累上升到经验总结，由经验总结上升到理论归纳。演绎型模式，强调在教育过程中及各教学环节中进行先导性理论指导与方法训练，根据理论与方法，根据示范性案例，进行典型性、操作性、模仿性实践。归纳型模式是一种着眼于长期效应的教育模式，是一种以长期教育行为为基础的模式。演绎型模式是一种着眼于短期效应的教育模式，是一种建立在短期教育行为上的模式。

传统教育往往选择归纳型翻译教育模式，以期培养学者兼译者型高级翻译人才，或者说培养未来的翻译家。但由于现代生活节奏的加快、大众高等教育压力的增大、国际化社会对译员数量要求的增长，使经济省时的演绎型模式大受青睐。在这种背景下，现代教育往往选择演绎型模式，以培养大量的、不同层次的译员。同时，教学模式也受西方语言学发展的影响，演绎型模式在不断变化，从"翻译方法技巧讲授＋翻译实践"型，到"翻译理论讲授（＋翻译方法技巧讲授）＋翻译实践"型，演绎性越来越强。

传统的英语教学的理念，即以语言教学为主，在学好基础英语的基础上再加少量的其他知识即可。非外语专业翻译课的培养目标是培养综合素质好、专业精通、外语基础扎实、听说读写译各项综合技能过硬、适应性强的复合型人才和科技翻译人才。大学英语教学大纲对翻译能力提出了基本和较高两个层次的要求。其要求就是：能借助词典将难度略低于课文的英语短文译成汉语，理解正确，译文达意，笔译速度达到 300 至 350 英语词；能借助词典将内容熟悉的汉语文字材料译成英语，译文达意，无重大语言错误，译速为每小时 250 至 300 汉字。大纲虽然就翻译速度作了具体的规定，但从其他方面来说则显得比较抽象概括，如翻译材料的难度、题材、译文的质量要求等。加之没有翻译技能的具体展开，使得教学实践缺乏明确的指导，从而带有一定的盲目性和随意性。

无论采取何种翻译教学形式（如翻译选修课、科技翻译课、翻译必修课等），其主要教学目的是培养学生的翻译能力，包括口译和笔译能力。而翻译教学也正在从传统的教学翻译向翻译教学转变，也就是说，翻译教学不再是作为语言学习的手段存在于英语教学中，而是作为一种教学的目的而存在。

因此，高校外语教学改革首先应当转变教育观念，明确翻译的培养目标，充分认识到翻译教学的重要性和迫切性，制定明确的教学要求和教学大纲，逐步把翻译教学纳入整个英语教学，将翻译基本知识和方法技巧系统地加入英语教学中，加强英汉语言特性和文化对比的教学内容，全面深入学生对不同语言的认识，提高学生对语言的应用能力，避免出现为考试而学习的急功近利的现象。从英语专业发展的方向来看，目前翻译课程的重要性已经得到了教育界的一致认可，但仍缺乏具体的相关要求的统一标准，如在翻译能力的要求上做进一步的补充和完善；通过考虑生词量、文章的篇幅、文章的题材等几方面来规定翻译材料，并就译文的质量，制定相关的翻译标准作统一的要求。

二、对翻译课程设置的建议

对外交流涉及生活中的各个方面，无论是国际学术交流还是国际文化体育活动，翻译已成为从事外事工作的基本条件。翻译教学的必要性、迫切性和重要性已经为译界所公认，外语学习的应用性也越来越重要。翻译教学对于非外语专业的学生来说，不仅是英语学习的实际应用训练，同时可以帮助学生在就业时更加具有专业学习和英语相结合的巨大优势，对于学生的综合素质培养和未来的就业，都有着相当重要的意义。因此，翻译课程的开设和学习对学生的吸引力是巨大的。

目前，翻译教学中学生表现出的问题主要有以下三方面：首先，不能准确理解原文；其次，不熟悉文化差异及背景知识；最后，不熟悉相关业务知识。我国目前已有超过300所本科院校开设翻译专业，但是随着翻译教学与学习者和社会需求的矛盾日趋加大，仅仅依赖于英语专业翻译教学来培养翻译人才远远满足不了社会对翻译人才的需求。而且，经英语专业翻译教学培养出来的翻译人才也并不能立即为各种专业行业和专业技术领域翻译需求服务。

中国内地外语专业本科教育，在较长时间内均为综合型语言文学型通才教育。过去，翻译课程作为外语专业教育课程构成中的一门或两门，在外语专业本科教育中相当普遍。设一门，通常是翻译；设两门，通常是外汉翻译与汉外翻译。近十来年，外语专业纷纷加设口译，如把翻译课细分为口译和笔译，笔译设在第六、七、八学期，口译设在第七、八学期，一般每周2~6学时不等。各高等学校外语专业课程设置有很大差别，或只设外汉翻译，或既设外汉翻译又设汉外翻译，或设有翻译与修辞、翻译技巧、机器翻译等课程；多数高等学校更注重笔译课，口译课只有少数学校能够保质保量地开设。外语专业硕士与博士研究生教育，除翻译方向或翻译理论与实践方向外，课程设置中包括部分翻译课程。

20世纪90年代以来，综合性语言文学型通才教育，渐渐分化为专业型"语言文学基础+（语言文学）专业方向"专才教育或复合型"语言文学+（非外语）专业"专才教育。在这种背景下，部分高等学校外语专业本科教育，在高年级阶段，或分流为不同专业方向（如语言学方向、文学方向、翻译方向，等等），或与非外语专业教育复合而形成不同专业（如经贸方向、旅游方向、酒店管理方向，等等）。翻译方向是一个常见分流方向，往往设置有翻译课程组群。如北京外国语大学英语专业本科从三年级开始分流为四个专业方向，其中口译和笔译方向开设"笔译"（英译汉）、"听译"、"口译"（英译汉）、"笔译"（汉译英）和"口译"（汉译英）等课程，笔译方向课程开设"翻译入门""译文分析""翻译理论入门""翻译史"等课程，口译方向开设"口译实践"和"高级口译"等课程。

近几年，部分学校组建翻译系或翻译学院，在课程设置上，通常是一、二年级加强语言技能训练、专业知识传授，三、四年级着重翻译理论讲授和翻译技能训练。翻译专业设置大量翻译课程，除翻译方向常见课程外，还有"翻译与思辨""翻译词汇学""交替传译""同声传译"等近20种。很多高等学校都设有名为"翻译理论与实践"或"翻译学"或"译介学"的专业或学科方向，并开设翻译学、翻译理论、译介学、修辞与翻译、文学（诗歌、散文、小说）翻译、文化与翻译、译文评论和翻译比较研究等课程。部分高校，如北京外国语大学、上海外国语大学与广东外语外贸大学等，设有高级翻译学院，研究生教育设有翻译专业或翻译学专业。北外、上外与广外三校硕士研究生教育都设有翻译专业，上外博士研究生教育设有翻译学专业。广外硕士研究生教育翻译专业设有国际会议传译、口笔译研究、翻译学研究、商务翻译研究、法律翻译研究、传媒翻译6个研究方向，每个方向设三门专业必修课和15~19门专业选修课，包括同声传译、连续传译、模拟国际会议同传、口译观摩与欣赏、高级英汉口译、高级汉英口译、视译、文学翻译研究、翻译哲学、语言与翻译等30多种。而各层次外语专业教育翻译方向，各校都开设大量翻译课程，可以说已经基本上形成课程组群；但是，除北外、上外与广外三校外，各校翻译课程仅是课程组群，均未成体系。翻译课程体系是翻译方向或翻译学学科教育的课程主体，也必然会成为翻译教育学的重点研究课题。

在课程设置上，翻译教学在整个外语教学中基本上是作为补充课程来讲授的，翻译课程通常作为选修课开设。大纲规定基础阶段四个学期的英语课均为必修课。英语写作、翻译技巧、英语口译等为选修课，安排在四个学期基础英语课程后，为达到六级的学有余力的学生开设，以保证大学英语学习四年不断线。但目前的实际情况是：由于我国绝大部分高校的教学设备、师资力量不足，在基础阶段之后，很少有学校能够开出面向所有学生的应用技能选修课。加上近几年的扩大招生，师资紧缺情况更为严重，能够开选修课的，不过寥寥几门，只是起了点缀门面的作用。

目前，面向大学英语教学的翻译课程几乎无一例外地被设置为公共选修课，甚至有些院校根本就没有设置面向全校的大学英语教学的翻译理论和实践课程。翻译课程作为公共选修课的性质使得翻译教学处境日益艰难，主要表现为：①修课时限短，授课课时严重不足，很难完成既定教学任务。由于诸多因素的影响，很多院校对于选修课的修课期限给出了极为严格的规定，通常为一学期，每周2课时。这对于完成翻译理论和实践课程的授课任务是远远不够的。很多时候授课只能是蜻蜓点水般点到为止，其教学效果可想而知。②鉴于对翻译理论与实践的重要性之认识，选修翻译课程的学生数量众多，往往一个班有200~300人，因而翻译教学实践无法展开，授课质量无法得到保证。③由于选课学生数量多，学生的英语和汉语水平参差不齐，而且部分修课的学生只是抱着修学分之目的，使得教学互动难以进行。

目前大部分院校由于师资条件所限，英语课程设置仍在沿用传统的以语言文学为主的课程体系，开设翻译相关的课程门类少，课时少。而且，翻译教学中往往缺乏实践教学，翻译教学设备也比较落伍。这种滞后的教学与实践严重分离，导致学生毕业后不被企业认可。有些学校多媒体设备和信息技术设备投入不足，建设跟不上发展需要，导致有些主干课程仍然在普通教室或语音室进行，难以达到满意的教学效果。翻译教学模式仍然拘泥于传统的教学模式，该模式以教师为中心，知识传播单向地由教师指向学生，注重翻译的终端效果，即学生的译文。教师不讲或很少讲翻译方法与技巧，教学过程中师生之间合作和互动相当有限，学生的翻译能力仍十分欠缺，学生之间也缺少必要的合作和交流，从而无法保证充分发挥学生的主体作用。而且，由于修课学生多，教师不可能一一提供反馈信息，学生亦无从了解自己的缺点和不足，因而不利于其翻译能力的提高。此外，传统的翻译教学方法片面强调语言知识和翻译知识的传授，而轻视翻译技能的培养，极少注重培养学生的创新精神和翻译实践能力。同时，由于翻译教学主要采用传统的英语教学方法，翻译教学中题材常常局限于一些生活用语，对于学生实际运作能力的培养十分匮乏，使很多学生在学习的过程中感到内容空洞乏味，因而学生缺乏学习积极性。翻译教学在英语教学中的边缘化，使得翻译教学所面临的问题日益凸显。

翻译本身是跨学科、跨文化的综合研究，其中不仅涉及两种语言的学习运用，还涉及各类不同的应用领域。但由于翻译长期以来不作为一门专业来传授，教学内容的设置方面有着先天的不足，而后天又缺乏其他相关学科的补充和提高，如汉语课、写作课、相关专业（金融、外贸、外交、科技、法律、管理、会计、广告、新闻、教育、旅游等)训练等。翻译教学往往只注重某些特殊句型的翻译和语法结构,例句陈旧过时,忽略了教学内容的实用性和时代性,也缺乏对两种语言思维的不同培养和理论的深入探讨。"教学翻译"作为检验外语教学的一种手段,其主要形式有两种:①课文翻译。②围绕课文而编的翻译练习。其特点是:①围绕课文所教的词法句法而编;②以单个句子为翻译单位,句子与句子之间互不相干;③学生只需按所学的语法结构和词汇译出句子,不必考虑译文的用途,因为这类译文的读者只是教师。显然,单纯具备语言知识还不足以进行交际。翻译实际上是一种交际活动,翻译能力包括语言能力和运用语言进行交际的能力。换言之,翻译工作者首先要掌握最基本的语言知识,了解语言的结构,明白语言如何在实际中运作,同时也要掌握根据不同的语境和不同的对象进行交际的规则。

专业翻译培训与外语教学的目的不同,面临的问题不同,解决问题的手段和衡量标准不同。在教授语言的同时不能教授翻译。语言分析会取代翻译教学后对翻译程序的讲解。人们经常把翻译中的困难归咎于对某些事物的无知。因此,从方法论的观点来看,首先要把知识方面的困难和翻译练习和纯正意义上的语言运用分离开来。由于缺乏知识所引起的全部问题均属于翻译普通教学法和教学大纲构思的范畴,但并非都要在基础课中解决。语言的教学重在语言分析和语言实践,语言教学也可以借助翻译,用于知识传授和教授语言。而翻译教学只能在语言学习结束后,即在开始研究语言特性和表达方式时进行。

就翻译课程而言,英语专业的教学大纲和传统的翻译教材在理论和实践上均不能满足培养应用型、复合型英语人才的需要。英语专业的教学大纲主要要求学生能够运用翻译基础理论和技巧,翻译有一定难度的"日常生活记叙""一般政治、经济、文化方面的论述""科普材料"和"文学作品"。从历年的专业八级翻译考试来看,原文都不涉及商务知识。同样,以往以英语专业教学大纲为指导原则而编写的翻译材料也较多侧重于非翻译内容。因此,以社会对人才的需要为出发点,结合英语专业特点,选择适当的翻译或应用翻译教材,为广泛收集各类应用文体材料制订相应的翻译教学计划,确定教学内容,是翻译教学的一个重要环节。

对于我国翻译教学中存在的诸多问题,译界研究者见仁见智,提出了自己的见解，尽管其中相当部分是针对英语专业翻译教学而言的，但仍然具有非常重要的借鉴和启示作用。"以学习者为中心的课程设置"认为教师不可能在课堂上传授学习者想知道的所有知识，因此应该有效地在有限的学习时间内向学习者传授他们认为自己和社会最迫切需要的知识。显而易见，除了传授某些语言技能之外，翻译教学的重心应放在培养学习的技能方面。这种目标应包括：①为学习者提供有效的学习策略；②帮助学习者发现适合自己的学习方法；③培养学生为促进课程设置而需要的技能；④鼓励学习者确定他们自己的学习目标；⑤鼓励学习者采用切实可行的目标和时间安排；⑥培养学习者在自我评估方面的技能。

基于这种"以学习者为中心"的课程设置理念，提出了"以学习者为中心的翻译课程设置"。"以学习者为中心"是指教师根据每个学生的不同兴趣、能力、学习方法，综合考虑各种因素，在与学习者本人协商的基础上，共同制定一个适合该学习者的学习目标。该课程设置既充分考虑了学习者的主观能动性、创造性和互动性，也充分协调了学习者、翻译教学和市场需求之间的关系，旨在培养出活学、活用知识结构并能顺应、满足社会需求的高素质的翻译人才。"翻译作坊式"教学法，即设置类似商业翻译中心的翻译作坊，由两名或多名译者集中进行翻译活动，译者之间能够相互交流，合作解决翻译过程中产生的问题。该教学模式之目的是为了促进学生从翻译实践过程中领会翻译技能与策略，强调学生的参与作用，发挥学生的主体作用，即学生既是参与者和学习者，又是合作者。教师是教学活动中的主导者，起着向导、组织、顾问、监督者及机会创造者的作用。

尽管上述两种翻译教学模式在提法上有所不同，然而其指导精神如出一辙，即为对传统的以教师为中心的翻译教学模式的一种摒弃；强调翻译教学以学习者为中心；强调翻译教学过程中的协商与互动；强调学习者的参与和合作；强调学习者对翻译技能和策略的领悟。

翻译学科本身的复杂性、独特性、灵活性和多样性决定了翻译教学方法必须根据教学内容来灵活掌握。以往的教学方法常常局限于学生练习和教师讲评，讲评又多集中于错误分析，批评多而赏析少，很容易打击学生的积极性，教学效果不理想。同时，翻译课在某些院校是大班上课，教师作业批改量过大，耗费过多的时间和精力，无法大量批阅，使学生缺乏充足的训练，讲评又因翻译标准的不统一而无法确切衡量翻译练习，容易导致讲评要点散乱无章，无规可依。另外，由于缺乏统一的教材和教学大纲，教师多自己增加一些其他内容和相关的练习，教学安排具有较大的随意性，造成翻译教学重点不突出，难以有效地与相应的教学阶段接轨。

随着人类对自身语言认识的不断深化，随着语言教学理论和语言学理论的不断更新、深入，外语教学方法也日趋完善、合理，新的教学实践取代老的教学实践是历史发展的必然。翻译法的教学模式显然已经落后于时代，远远无法满足当前外语人才培养的需要。多样化办学已经成为我国外语教育改革和发展的主要趋势，外语教育的多样化和个性化发展是外语院系定位的必然选择，不同的大学有不同的历史和现实条件，不同的高校历史背景、发展轨迹和基础条件各不相同，所处的地域、行业也不同，在长期的办学过程中都已形成了自己的特色和优势。每个学校只要找准自己的角色定位，选择适合自己的办学模式和发展路径，办出特色，办出水平，就能赢得地位和尊敬。反之，如果用统一的标准一刀切，势必造成千校一面的人才培养规格，造成人才积压，对国家、院系和个人的发展都会产生不利的影响。因此，翻译课程的具体实施还需要根据不同院校的实际情况进行调整，对已过四、六级，双语能力强，对翻译课感兴趣的学生，可鼓励他们选修高级英汉翻译课和口译课。从原则上讲，大学三年级开设外译汉，四年级开设汉译外，每周两学时，总计140学时。当然，也可灵活掌握。随着学分制在各高等院校的实施，翻译选修课也可安排在晚上和周末，既可以开设一些短期培训班、双学位班和翻译资格证书培训班等，也可以利用校园网络进行翻译教学和指导，最大限度地调动学生的积极性。同时，为防止把口译课上成高级口语课，可以在三年级开设高级听说课，每周两学时，全年70学时。四年级开设口译课，每周两学时，全年70学时。翻译课程也可以根据学生的不同专业，有目的地选择一部分与其专业相关的翻译实践，组织学生进行讨论修改，接触社会和实际的翻译工作，提高学生的实际应用能力，并获得一定的经济效益和社会效益。

第三节　对商务英语翻译师资建设提出的建议

随着中国改革开放的进一步深入，经济进一步发展，中国与国外的各种交流活动日渐增多，这一趋势也使得社会对翻译人才的需求增加，对翻译人才的能力提出了更高的要求，从而也对高校的翻译教师提出了更高的要求。而且，社会信息化、网络化的变迁和终身教育的兴起对我国的教育变革提出了要求，对教师的教育理念、教学内容和形式产生了深远的影响。面对新形势，教师要应对种种挑战，就必须不断学习新知识、新技术，不断更新观念。翻译教师应身兼四职，即翻译经验的传授者和提升者、翻译理论结合实践的示范者、翻译思想和策略的诠释者、翻译职业操守的体现者。因此，翻译教师要在道德修养上、学识上以及在业务素养方面进行刻苦的自我教育和陶冶，投入自我完善的过程，解除"为他人作嫁衣裳"的心理困扰，以在翻译和翻译教学这项尚未为世人充分重视的事业中尽心尽力；并在自我完善中努力工作，师生共勉共进，领略育人受教的甘苦和人生意义。我们翻译界的为师者，要有一种为翻译事业、为世界多元文化事业恪尽职守而无艾无怨的心胸与襟怀，为造就千百个未来的翻译家和翻译理论家默默地奉献一生。

翻译教师应该明确自己的使命感和责任感，应该认识到自己在传道、授业、解惑方面所扮演的角色，尤其是在21世纪的今天，传授给学习者翻译的技能和翻译理论，教育学习者明白翻译在中国经济、政治、文化发展中的重要桥梁作用是一项光荣而艰巨的任务，不能自我贬低，而应永远保持一份自豪感和荣誉感。本科翻译教学是翻译教学和翻译学科建设的一个重要部分，本科翻译教学的成功，关键在于教师。因此，翻译教师更要注重自己的职业发展。不可否认，中国的本科翻译师资队伍在过去30年发生了很大的变化，尤其是师资队伍得到了一定的优化，整体素质在不断提高，其中翻译学方向的硕士和博士毕业生队伍近几年在迅速增长。但是，也应看到翻译师资队伍存在的问题。目前，由于翻译教学任务重，很多教师又认为翻译"无须教"或"不好教"，所以整体看来，我国高校翻译教师队伍存在一定的问题。定位这些问题，找到解决的办法，重视翻译教师的职业发展，是提高我国翻译教学质量、保障翻译人才培养的重要一环。

一、翻译教师队伍的现状和存在的问题

虽然我国的翻译教学迄今为止得到了前所未有的发展，翻译系、翻译学院或翻译专业在很多高校设立起来，为社会培养了不少翻译人才的同时也培养出了一批翻译教师，但是从目前看，翻译教师队伍的现状依然不尽如人意，存在一些亟待解决的问题。长期以来整个社会都存在这样一种误解：只要是英语专业的毕业生就可以胜任翻译工作。这一误解使得很多高校教学管理者认为，只要是英语教师就能从事翻译教学，所以学校或学院对翻译教师（尤其是本科生的翻译教师）的专业素质并不十分重视。如前文曾提及，一些教师本人也认为翻译是实践性很强的课程，需要学习者自身更多地进行实践练习，翻译课本身没有什么可以教的。教育界、外语界和翻译界仍有不少人对翻译教学的重要性认识不清，抱有许多偏见和误会。例如，翻译是一种灵感与悟性的表现，译者的才智是天生的，因此翻译不需要教，也不必学；翻译不过是两种语言符号之间的技术性转换，只要懂得两种语言和拥有一部双语词典，便可以从事翻译；翻译教学重在实践，不需要理论，而且理论对实践没用。因此，许多教师和学生严重忽视翻译课，认为语言教学能替代翻译教学，语言能力就等于翻译能力。

但实际上，能够走出学校胜任翻译工作的本科毕业生必须具备较高的中英文水平和广博的知识，而且必须在大学里经过一定翻译技能的学习和训练。尤其是本科阶段的英语专业学生，要使他们更好地进行翻译实践更离不开教师对翻译技巧的传授，因此对翻译教师的重视以及翻译教师本人的职业素质非常重要。而目前，高等学校管理者和教师本人对翻译课的误解导致我国高校翻译教师队伍出现了一些明显的问题。

（一）师资不足

近年来，不少高校成立了翻译学院、翻译系，但这些机构的设置并不等于中国的翻译教学得到了长足的发展，更不等于师资队伍的壮大，事实上，很多高校传统上对翻译教学不重视，翻译学科建设相对缓慢，从而造成全国范围内的翻译教学人才培养的相对欠缺，尤其是翻译专业毕业的硕士生、博士生比较少，能够真正担当起翻译教学任务的教师就更少，所以目前高校翻译师资严重不足。据笔者了解，有些学校一名翻译教师有三四个甚至更多的教学班，有些是大班教学，课堂组织非常困难，而且作业批改的负担也很繁重。正是因为如此，有些学校不得不让非翻译方向的教师承担翻译教学。尤其是随着国内越来越多的大学组建翻译专业、翻译系，甚至是翻译学院，还有些院校将翻译变成了一级学科，更多的院校开始招收翻译专业硕士，而且招生人数一般都比较多，甚至还有逐年增长的趋势，这就造成翻译教师分配不均的现象，更多具有翻译专业背景的教师会从事硕士层面的教学，本科翻译师资更显不足。

现在的大多数高校对教师的要求是写出更多的论文，对翻译教师也是同样的要求，几乎没有多少学校要求翻译教师应该拿出好的"译绩"或好的"教学效果"。据笔者所知，在教师晋升职称时，教学成果基本被忽略，译著的分量远远不及一篇核心期刊论文的分量，有些学校在评定职称时甚至将译著排除在科研成果之外，这也从很大程度上抹杀了翻译教师从事翻译实践的积极性，甚至很多教师因为批改作业要花去很多所谓"做科研"的时间而不愿从事笔译课的教学。而且几乎整个学术界对翻译实践也抱有同样的态度，因此，愿意承担翻译教学的教师很少，这又从一定程度上减少了翻译教师的人数。

（二）师资队伍良莠不齐

目前，除师资不足以外，翻译教师队伍本身也存在良莠不齐的现象。翻译是一门实践性很强的课程，翻译教师既要掌握一定的教学技能，又要积累一定的教学经验；既要进行一定的翻译研究工作，如语言对比、文体学、文化与翻译的关系等，还要积累一定的翻译实践经验，这样才能保证翻译教师在教学过程中得心应手，有的放矢，才能保证将真正的翻译技巧传授给学习者，而不是照本宣科，也不是让学习者进行"放羊式"的翻译练习。可是，由于好多高校在培养翻译学硕士和翻译学博士的时候一般只注重学习者的理论水平，而不注重学习者的翻译实践能力的提高，只注重学习者是否有一定的学术研究能力，不重视翻译教学技能的培养，招聘这些翻译方向毕业生的高校虽然一般都是让他们从事翻译教学工作，但招聘时往往看重一些人的科研能力，到头来却发现这些人并不能如预期那样胜任翻译教师这一职位。还有些翻译教师如上文所述是其他方向的毕业生，以前也许从未对翻译或语言的对比有更多的涉猎，只是因为翻译教师的短缺而被迫教授翻译课程,这一部分教师也无法胜任翻译教学工作。另外,由于长期以来存在这样一种误解:学过英语的人就能做翻译,那么只要是英语语言文学专业毕业的学生就能教翻译,所以高校不会想到为上述这些教师(尤其是年轻教师)提供在职的翻译培训。这样,真正能够从事翻译教学赢得学生好评的翻译教师少之又少,这样就很难避免一些教师在翻译教学方面的经验实际上来自如语法、词汇、精读、写作等课程的教学经验,他们"自以为对翻译和应该怎样教翻译知之甚多。但实际上,他们对翻译理论、翻译教学以及翻译的经验研究方面也了解得不多"。目前中国高校的翻译师资队伍有待优化,许多从事翻译教学的教师是英语文学背景,没有专门接受过翻译学科的理论教育,也没有在社会服务机构中从事过翻译实践的经历,对翻译学科的教学内容轻重不分。即使是现在开设本科翻译专业的高校,翻译教师大多是从外国语言文学下设的翻译研究方向的硕士毕业生,大部分参加社会翻译实践的经历不够丰富,不能很好地以自己的翻译实践经验来阐释翻译理论,使理论更好地指导学生的翻译实践。而社会上有丰富翻译经验的从业人员又因缺乏系统的翻译理论和学科知识,在学术理论上不能很好地胜任高校的翻译教学研究工作。

由此可见,翻译师资队伍良莠不齐的现象已经极为突出,而师资队伍良莠不齐,势必导致翻译教学效果无法取得令人满意的效果。

无论是国内还是国外,翻译师资无非有两个主要的来源,一是聘用有实务经验的职业翻译人员从教,二是原来从事外语教学的教师改行教翻译。前者多见于研究生层次的专业翻译教学,后者则多见于本科翻译教学,在口译教学方面,这种现象尤其突出。出现这种情况的主要原因是,仅从大学本科开设翻译课和建立翻译专业的学校数量上来看,对本科翻译师资的需求量远远大于研究生层次的翻译教学。全部聘用有实务经验的职业翻译人员任教是不现实,也是不可能的。在相当一段时间内,大学本科翻译师资的主要来源将仍然是外语教师。但是相当多的教师本身没有翻译的经验。无翻译经验的外语教师从事翻译教学的缺憾:一是这些教师没有翻译职场经验,因此无法给学生提供专业和职业性的指导;二是这些教师对翻译的认识还仅仅停留在语言方面,常常把翻译看成是一种单纯的语言转换,而不是社会交际活动,因此对翻译质量的评估往往着眼于两种语言的对等和对应，而不考虑具体交际状况下偏离语言准则的可能性和必要性，这种翻译教学很可能对学生产生一定程度的误导；三是这些教师对翻译的认知过程不太了解，因此对学生学习中出现的问题不一定能够做出切中要害的指导。

（三）翻译研究与翻译教学脱节

由于目前许多高校对科研的重视远远超出了对教学的重视，特别是各高校的学术管理体制中一般都存在科研量化的要求，使得很多教师为了晋升职称或保住现有的职称而不得不撰写一些所谓的"理论性"论文，以求能够发表。而且不少学术期刊也会对文章的"理论性"提出较高的要求，翻译学科也不例外。翻译本身是一种实践性很强的技能，按理说，翻译方面的论文应该用来指导实践，可实际上真正能够指导翻译实践、以"翻译技巧"为主题的论文一般会被看作"没有理论创新"或"没有理论高度"，所以翻译教师也不得不按照"行规"撰写出一些看似深奥实际上却晦涩难懂的论文以求在权威的期刊上发表。这就造成了翻译教师的研究与翻译教学严重脱节的现象。虽然在对教师进行的问卷调查中，绝大部分的教师有一定的翻译理论基础，但学生时代所学的翻译理论已经满足不了如今的教学活动。这种对翻译理论的欠缺也造成了教师对翻译教学的迷茫和困惑。虽然很多教师想过要在讲解翻译练习时加入翻译技巧，但在教学实践中并没有实现有效的翻译理论的传授。

关于翻译教学研究更是存在不少问题，到 2007 年为止，50 多年来我国的翻译教学研究的论文数量虽然在持续增长，研究范围与内容从单一到多元化发展，选题的深度广度有所扩大，研究的视角有所拓展，但具体来说还是存在一些不容忽视的问题，主要表现在：

①论文选题虽然不少集中在翻译教学模式和翻译教学方法上，但直到现在仍然没有清楚地界定教学模式和教学方法这两个基本概念；

②从事翻译教学综合研究的人不少，但往往是一篇文章什么都谈了，又什么都没谈清楚，研究范围很广，却没有中心主题；

③研究翻译能力培养时概念使用也较混乱；

④我们从 20 世纪 50 年代起就开始进行国外翻译教学的介绍引进，虽然涉

及很多语种，但是分析研究批评的少；

⑤翻译教学跨学科研究较多的是跟语言学的交叉研究，跟其他学科的交叉研究相对较少；

⑥中国内地的现代科技（如计算机、网络、语料库等）与翻译教学的结合研究20世纪90年代后半期才开始兴起，研究数量不多却发展迅速；

⑦翻译教材研究依然停留在单纯批评或是赞扬他人教材的层面，提出改进并设计出可行编著教材方案者并不多见；

⑧教学大纲与课程设置极少有人问津；

⑨翻译测试与评估处于被忽视的状态；

⑩师资发展研究几乎无人问津；

⑪口译研究和笔译研究的比例严重失调。虽然翻译研究中大多涉及的是笔译技巧，但进行笔译教学研究者却很少，特别是像口译教学研究那样，把笔译教学分解为不同层面、不同课型、不同技巧等来具体深入系统全面研究者更加少见；

⑫主题不明确，翻译教学研究的课题逐渐多样化，但却没有集中在某些较为值得关注的领域。

至于翻译教学领域的专著，大部分集中在翻译技巧或是翻译考级指导等方面，缺少全面系统的理论分析或实证研究。虽然近些年中国的翻译教学研究取得了一定的进展，但是还有很多方面需要解决和提高，包括开展翻译能力研究、梳理应纳入翻译教学的相关理论、增加美学方面的翻译教学理论、认识和明了建构主义的理论贡献及其缺陷和运用的误区、完善教学原则系统、改进翻译教学评价体系等方面。

国内还没有一个成熟的翻译教学的理论模式，对于译者的培训并没有上升到理论研究的层面，已有的研究也仅仅局限在历史回顾和现状分析上，研究视野仍止步于技术操作和经验描述以及术语堆砌的初级阶段。国内的翻译教学研究更多的是关注文本本身的处理，很少触及翻译教学理应涉及的其他维度。翻译教学的现状之所以如此，其实恐怕还是因为缺乏一个相对完整的翻译教学理论架构的缘故。

我国从事教学的人很多，但认真研究教学的人却很少，而且很多人认为教学研究比较简单不需要理论，这种偏见至今还严重影响着整个学术界与教育界。翻译作为一门学科来教来研究在我国刚刚开始，要研究的问题很多，希望本科、硕士、博士三个层面的教师都认真研究教学问题，密切结合学科建设，以提高人才培养的水平与推动学科的发展。

由此可见，翻译教学与研究脱节的问题比较严重，而很多翻译教师又没有意识到翻译教学研究的重要性，因此翻译教师要注重翻译研究和翻译教学研究有机地结合在一起，尤其是探讨出真正能指导翻译教学的理论模式和理论框架。

（四）对教学的内容和方法认识不足

20世纪80年代到90年代的翻译教学主要侧重于语言的分析，当时不少翻译教程主要根据两种语言的不同总结归纳翻译技巧。可是进入21世纪以来，学界对这种以语言为中心的翻译教学产生了怀疑，但目前对翻译课到底要教什么、如何教这样的问题，很多教师依然迷茫。据笔者了解，不少翻译教师不再重点讲授双语对比和翻译技巧，而是让学习者课下、甚至课上做翻译练习，然后在课堂上为学习者提供参考译文，这样的教学中，学习者即使做了大量的练习，依然是"丈二和尚摸不着头脑"，因为他们并不知道翻译到底有无规律可循，到头来发现自己的翻译水平并没有实质性的提高，每次遇到新的翻译材料依然会产生非常严重的"陌生感"，给翻译课的教学效果打了很大的折扣。实际上，这种现象归根结底是因为翻译教师没有真正发挥应该发挥的作用，对翻译教学的内容和方法没有形成足够的认识，所以翻译教学的内容不明确。

不少翻译教师的教学方法也不得当。大学本科翻译教学是学习翻译的启蒙阶段，采用科学、有效的教学方法把学生领进门，这对学生未来的发展至关重要。而很多教师所使用的教学方法是否科学和有效值得怀疑，翻译教师中真正学翻译专业的并不多。也就是说，既懂理论又懂实践的优秀翻译教师严重匮乏，翻译教学的形式因此流于单一，大都遵循练习—批改—讲评的传统模式，即"教师极少从历史、文化、社会意识的层面与学生探讨源语和译入语的理解与把握，也很少从英汉语言对比和翻译理论的角度来研究译入语的表现方式和目标读者的期待视野。当然，从主流意识形态等角度来考察读者的审美心理和译语文化的接受能力就更是少之又少了"。

综上所述,无论从师资人数、师资队伍的专业素质等都存在一定的问题和不足,所以翻译教师队伍现状堪忧,亟待整合和提高,教师的职业发展还有很大的空间。

二、翻译教师职业发展的途径

如何规划翻译教师的职业发展,如何更好地提高翻译教学的效果,从而解决上述翻译教师队伍存在的各种问题,是目前很多高校的管理者和翻译教师本人面临的重要课题,因为只有管理者和教师都注重了翻译教师的职业发展,才能真正改善翻译教师队伍的现状,解决翻译教师队伍存在的问题,从而提高翻译教学的质量。教师发展是指教师个人在职业生活中的成长,包括增强信心、提高技能、不断更新拓宽和深化对所任教学科目的知识,教师的自我发展是一个过程,在这个过程中教师成为更有作为和更有效的实践教师,教师通过有意识的活动和既定的活动,改变其教育观念,提高其教学质量。教师职业发展的中心是教师从容地面对不同的教学模式和不同的教学环境,具有以教学理论为指导思想、以教学实践为基础的应变能力。综上所述,教师的职业发展旨在重视教学实践、提高教学技能、研究教学理论等,从而提高自己的教学信心,优化教学的效果和质量。

有鉴于此,翻译教师职业的发展首先离不开对翻译教学实践的重视,这也就是教师职业发展理论中所谓的"外部环境激励";其次是翻译教师要注重教学本身及翻译教学特有技能的提高;最后则是翻译教学实践的理论研究,包括教学法的研究以及翻译理论研究。当然,翻译教师的职业发展离不开教师本身高尚的道德情操。具体分析如下:

(一)各方都应对翻译教学表现出高度的重视

按照教师职业发展理论,教育机构和机构中的管理者在教师职业发展中起着重要作用,这应该是激励教师职业发展的重要外部因素。有校长的支持,教师就会积极投入职业发展计划当中。这里虽然只提到校长,实际上代表了相关的教育管理部门。这一观点说明学校管理者的理念、政策和学校环境是教师职业发展的重要外部因素，可以说积极的理念、政策和学校环境将激励教师的职业发展。因此，学校要改善教学质量，就要树立有利于教师发展的理念，制定有利于教师发展的政策，给教师创造良好的物质和精神条件，营造良性的教学氛围，保证教师拥有一定的时间和精力进行职业发展，同时还应该积极为教师的进一步深造和培训创造条件，这样会促使教师在良好环境下不断进行有关自己职业方面的反思、学习和发展。这一点适用于所有的教师，大学的翻译教师更不例外。相关教育部门，尤其是各大学和大学下属的相关学院以及各层次的教育管理者对翻译教学的重视是翻译教师职业发展的重要前提保证。因为只有相关部门的重视，才能保证翻译学科的健康快速发展，才能保证翻译教师都是翻译专业出身的高级人才，才能保证师资队伍的不断发展壮大，从而保证为国家和社会培养出更多的翻译人才和翻译教学人才。

相关部门及管理者对翻译教学的重视具体可以表现为以下几个方面：首先是优化翻译专业高级人才培养（包括硕士研究生和博士研究生）的师资队伍。不少大学虽然在潮流的推动下设立了翻译系或翻译学院，但是这些机构不少都徒有其表，师资力量实际上依然非常薄弱，这样下去势必造成恶性循环，培养出的翻译方向的研究生在翻译实践技能和翻译理论研究水平上都会大打折扣，他们如果再去担任本科生的翻译教学工作，其结果可想而知。所以，高校及相关院系应该重视高层次翻译人才和翻译教学人才培养的师资队伍建设，摒弃"只要会英语就能做翻译、教翻译"的错误观念，真正重视翻译人才和翻译教学人才的培养。其次，高校和相关院系应该拓展翻译人才培养的课程结构。翻译是一门综合运用语言知识、文体知识、文化知识的实践和理论相结合的学科，所以翻译人才培养的课程体系应该包括上述各方面的课程，而不仅仅是纯粹的翻译实践课程和纯粹的翻译理论课程。再次，高校和相关院系还应该注重翻译教师的在职培训和教研活动。培训可以说是教师职业发展的同义词，因为很多教师愿意参加研讨等活动，教师如果得到足够的机会进行学习，就能够获得新知识和新技能，并将这些新知识和新技能运用到自己的教学实践。所以，教育机构应该重视翻译教师的在职培训，比如让一些教师继续深造或进修，同时不定期邀请翻译实践经验丰富的译者对翻译教师的实践水平和翻译技巧进行培训，或者邀请语言对比、文体学、文化学等领域的专家对他们进行相关领域与翻译实践和教学实践相关联的培训，或者学校或院系为这些教师的进修提供资助。最后，重视翻译教师的理论研究。翻译教师的理论研究离不开教育机构的支持，如文献资料的提供和翻译学科的发展等。换言之，要提高翻译师资队伍的素质和翻译教学质量，从根本上提高有关教育部门、各级译协组织和广大翻译师生对翻译教学在翻译学学科建设中的正确定位，端正并提高大家对翻译理论研究和翻译教学研究重要意义的认识。

另外，翻译教师本人以及翻译学习者都应该树立正确的翻译观和翻译教学观，摒弃对翻译理论与实践以及翻译教学的偏见和歧视，端正对翻译教学的态度，要充分认识到会外语不等于能翻译，会教课不等于会教翻译课。翻译教师和翻译学习者要充分认识翻译的本质、翻译教学的必要性和翻译理论的重要性。翻译的本质是一种跨文化、跨语际的信息传播。它既是一种符码转换的文本活动，更是一种文化间的交流与传播活动，是传递思想、知识的一种社会行为。语言能力是翻译的必要条件，但不是充分条件。翻译除语言能力外，还需要相应的认知知识、跨文化的分析／综合的思维能力和双语交际能力。所以，会外语不等于能翻译。

只有认识到翻译活动是一种跨语言、跨文化的传播形式，是一种思维模式的转换，认识到翻译是一种文化交流行为，有着自己独特的机制和科学规律，认识到译者应该拥有使用译语再创作的能力，认识到翻译对人类物质和精神文化方方面面的交流都起着非常重要的作用，翻译教师才会更加注重自己的职业发展和教学实践，翻译学习者才会以更大的兴趣和更坚强的意志投入翻译学习当中去。同时，翻译学习者的积极性反过来会调动教师对翻译教学的积极性，这样师生之间就会形成良性的互动关系，翻译教学才会拥有良性的发展势头。

（二）翻译教师要重视提高自己的职业技能

翻译教师本身要注重自己的职业发展，从而提高自己的职业技能，让自己获得一种成就感。而翻译教师本人的技能发展在自己的职业发展方面起着核心作用。重视翻译教师的技能主要在于重视提高翻译教学技能和翻译实践技能。

1. 翻译教师的教学技能

第一，教学内容的选择。在英语专业本科阶段，翻译教学的目的主要在于培养学习者翻译实践技能，所以翻译教师在教学实践中应该注重翻译教学内容的多样化，要很好地运用教育行动研究，不仅关注翻译教材的特征，还要积累和收集更多的翻译实践资料，以学习者为中心，保证教学内容的与时俱进，从而激发翻译学习者的兴趣，使他们主动参与到教师的教学实践当中来，更好更快地提升学习者的翻译能力。同时，翻译教师教授翻译实践时，不能讲授纯翻译理论或翻译史，也不能随意选择材料，而应该选择多文体、多主题的实践材料，同时还要注重英汉对比（语言对比和文化对比等）、篇章特点及翻译技巧等。总之，翻译教师千万不能照本宣科，拿一本教材讲下去，而是可以拿一本教材作为蓝本，对这一教材中的观点、例句、篇章进行补充和更新，尤其是要补充英汉对比要点，从而更好地调动学习者的积极性。

第二，教学环节选择。翻译课堂不能采取"满堂灌"的方法，而应采取教师讲授、学习者实践和讨论、教师与学习者共同对名家译文和某些或某个学生的译文进行点评等多个环节。在这些环节中，大多数时间以学习者为中心。具体说来，教师可以将英汉对比分成专题进行讲解，然后组织学习者对涉及相关对比的句子和篇章翻译进行有的放矢的讨论，接着布置篇章翻译作业让学习者课下完成，或指定某一小组或某一个体学习者下一节课展示自己的翻译，教师和其他学生进行点评。教师还可以就某一文体的特点和翻译策略进行讲评，然后以篇章为例，组织学习者实践和讨论。另外，还可选择名家译作组织学习者点评。总之，课堂教学环节应该以学习者为中心，调动学习者的兴趣和积极性，从而提高学习者的课堂参与程度，全面提高学习者的翻译实践水平。翻译教师要本着对学习者负责任的态度，做好学习者讨论和实践的引领者，同时要积极批改学习者的翻译实践作业，及时做出反馈，从而提高教学效果。

第三，教学方法和教学效果的反思。反思自身的行为是认识自我、评价自我、调节自我的一种重要的心理活动，是自我完善、自我成长的一种有效途径。因此，教师必须自觉地持续地对自己的教学态度、知识、技能、教学效果等进行相应的内省与评价，采取批判性眼光，检查自己的教学理念，反思自己的知识结构，审视自己的教学方法，从而发现自己的优点和存在的缺陷，解决教学问题，从而使反思成为推动自身发展的强有力的武器。总之，对教学理念、教学方法、知识结构、教学效果的反思是促进教师职业发展的重要一环，是教师行动研究的重要组成部分,更是教师学习的有效途径及提高其教学水平的手段。因此,反思应该受到翻译教师的关注与重视。在翻译教学中,翻译教师要及时对自己的教学理念和方法进行反思,对学习者的学习态度和翻译效果进行观察、调查和对比,及时发现问题,修正错误,总结经验,探讨新的教学方法,从而使自己的翻译教学变得更加合理、更加科学、更具成效。

专业课程的教学方法直接关系到学生各方面能力的培养与提高。课堂教学应以学生为主体、教师为主导,改变过去以教师为中心的教学模式,注重培养学生的学习能力和研究能力。在教学中要多开展以任务为中心的、形式多样的教学活动。在加强基础训练的同时,采用启发式、讨论式、发现式和研究式的教学方法,充分调动学生学习的积极性,激发学生的学习动机,最大限度地让学生参与学习的全过程。引导学生主动积极地利用现有图书资料和网上信息获取知识,并使学生在运用知识的过程中培养各种能力。同时,要注意教学方法的多样性,要根据不同的教学对象、教学内容、教学目的和要求,选择相应的教学方法,并鼓励教师积极探索新的教学方法。

这里要求的教学方法和手段尤其适合翻译教学,因为翻译课旨在培养学习者的双语转换能力,这种实践能力尤其要以学习者为中心,使学习者在教师的启发下对原文进行翻译,对译文进行讨论,激发学习者的学习兴趣和动机。而且,翻译课需要引导学习者查阅资料,尤其是涉及背景知识的时候要培养学习者利用图书资料和网络资料的能力,同时翻译教师也应该利用这些资料储备自己的语料库。

2. 翻译教师的翻译实践技能

如果翻译教师自己的翻译实践水平不高,或根本没有从事翻译实践的经验,就无法真正将英汉对比、文体特点和翻译技巧结合起来为学生进行讲解,那么教学实践也只能是纸上谈兵、生搬硬套。具体说来,翻译教师翻译实践技能的提高主要表现在以下几个方面:

第一,提高自己的中英文基本功。学无止境,虽然翻译教师一般都是英语专业,甚至是翻译方向的硕士或博士毕业生,但这并不意味着他们的语言水平(包括中英文水平)达到了极高的水平,所以翻译教师还要不断提高自己的中英文水平,尤其是不能忽视提高自己的母语(即汉语)水平。同时,翻译教师要特别注重两种语言的对比,这样才能更好地教会学生如何针对两种语言的差别进行翻译,没有翻译专业教育背景的翻译教师更是如此。

第二,不定期地从事一定的翻译实践工作。教授翻译的教师,自身起码也该是一位译者,最好当然是一位译家。正如笔者曾经指出:翻译教师一般都需要拥有一定的翻译实践经验,因为翻译是一门实践性很强的课程,如果教师没有一定的"实战"经验,那么他／她的教学就会流于纸上谈兵,遇到实质性问题也会束手无策。同时,进行翻译实践也可以促使教师对翻译规律进行总结归纳,更好地将这些规律用于教学实践,而且教师还可以将自己的实践材料用于课程教学,从而保证课堂教学与社会实践之间的有效"接轨"。比如,教师如果从事过商务合同的翻译,就可以将原文作为教学材料,这还有助于保证材料的时效性。因此,有意识地从事翻译实践是翻译教师职业发展的重要途径之一。

第三,拓展自己的知识面。拓展自己的知识面对教师的翻译实践和翻译教学都是非常有帮助的,因为翻译材料的内容可谓五花八门,作为翻译教师,不能只教会学习者翻译某一类材料,而应让学生适应各种文本、各种内容的翻译。这样在教学的过程中教师就不至于局限于某一本教学参考书,不至于让翻译课变成"照本宣科"的课堂,而是将与生活、时代、社会实践紧密联系的实用材料和实用知识带入课堂,始终让自己的翻译课程流淌新鲜的血液,从而激发学生对翻译课的兴趣。因此,不断拓展自己的知识面实际上就意味着翻译教师要终身学习。这样的终身学习有助于翻译教师更好地应对各种材料的翻译实践、从而更好地从事翻译实践教学,也是其职业发展的重要组成部分。

(三)翻译教师应重视教学理论研究和翻译理论研究

翻译是一门实践性很强的课程,但离不开理论指导,更离不开理论研究。理论和实践最终是互补的,尤其是在像翻译这样的领域。从事翻译教学的人一方面要做好教学工作,另一方面要做些研究工作,要注意用新思维、新方法、新观点潜移默化地熏陶学生,使他们既打好基础,又拓宽思路,增进理解,今后走上工作岗位时具有创新能力和独到见解。理论研究包括教学理论和翻译理论。教师首先要阅读一定的翻译理论著作和教学理论著作,然后将这些理论与自己的教学实践相结合,并在此基础上总结经验,变成自己关于翻译教学和翻译研究的理论。

翻译教师不仅要具有丰富的翻译经验，而且要熟悉有关翻译的纯理论知识，不仅会"翻"，而且会"教"。这就要求翻译教师本人要对翻译学这门学科有一个概括的了解，对翻译理论的历史和发展比较熟悉，掌握国内国际翻译理论研究的新成果和新动向，最好对与翻译研究相关的学科，如符号学、语义学、语用学、文化学、心理学、接受美学及计算机科学等的研究和发展有所了解，即翻译教师本人就要力争做一名翻译理论研究工作者。只有这样，才能不断运用翻译学研究的新成果去指导翻译教材的编撰和教学活动，使得翻译教学能够反映出当代翻译研究及相关学科的研究或翻译学学科建设的最新成就。

翻译教学的研究应该着眼于翻译教学实践本身，要真正将翻译理论运用到翻译教学实践，然后再总结出翻译教学的理论，也就是说要遵循"从实践中来到实践中去"这条原则，引入国外的翻译理论和翻译教学理论要符合中国的翻译教学实际，不能盲目介绍，更不能盲目引用，真正将介绍进来的理论用来指导翻译教学实践和翻译教学研究，同时还要更多地研究翻译教学的原则和翻译效果及翻译教学效果的评价体系和评价标准，尤其是针对国内本科生翻译教学，更需要上述翻译教学研究的态度和准则，不能让翻译理论研究与翻译教学脱节，没有翻译研究背景和翻译专业背景的教师如果从事翻译教学工作，应该积极涉足翻译教学研究。总之，理想的翻译教师应有"三德"：一要有见解，包括理论水平、见识等；二要目光犀利，要眼光高；这两德属于学者。第三德属于作家，即手高。翻译教师仅仅"眼高手低"不算称职。手高包括了眼高，一个人不可能眼低而手高，手高也包括有见解。任何译作都是翻译理论不露声色的实践，所以只要手高就证明他眼高，也许他有自己的一套见解，也许没有写出来，但是一定会有。

（四）翻译教师要具有高尚的职业道德情操和社会责任感

翻译教师是教育工作者的一部分，是阳光下最灿烂的职业之一，所以高尚的职业道德情操是翻译教师不可或缺的伦理素质。作为翻译教师，其高尚的职业道德情操主要表现在以下几个方面：

第一，端正的教学态度和高度的责任感。和所有的教师一样，翻译教师要树立"教书育人"的责任感,用自己的实际态度和行动感化学生。前面说过,教师不仅担负着"授业"的任务,还担负着"传道"的重任,这里的"传道",笔者认为更应该是道德层面的教育,教师要在道德上教育学生,首先自己就应该以身作则,也就是所谓的"率先垂范"或"为人师表"。"以身作则"最直观的表现就是端正自己的教学态度,认识到翻译教学的重要性和复杂性,不可自己小看翻译,不可认为任何学过英语或翻译的人都可以成为出色的翻译教师。翻译教师必须认真备课,充满热情地上好每一堂课,不辞辛苦地批改学生的翻译作业,同时还应将翻译课同中国文化、社会现象等结合起来,使学生在学到语言对比和翻译技巧的同时,树立正确的人生观和价值观,认识到翻译对文化交流和国家的经济发展的作用。同时,翻译教师必须有坚定的职业信念,热爱学生,把学生的成长和翻译实践的进步看作自己的一种责任,具有强烈的道德责任感,把学生的成长作为己任,不计较个人的得失与名利,真正做到无私奉献。

第二,明确翻译教学的思想和目的。任何教学都要以一定的思想和目的为指导,没有正确的指导原则,教学实践就会无章可循,就不可能取得富有成效的教学效果。翻译的教学思想应该反映时代的特征,体现翻译所肩负的重大使命。这是翻译教学最大、最基本的价值观。翻译教学思想可用以下具体的教学方针来分述:①翻译教学必须尽最大努力满足社会需求与文化建设需要;②翻译教学必须尽最大努力适应并指引翻译实务的发展;③翻译教学尽最大努力适应素质教育的要求。

有鉴于此,翻译教师应该在选材上注意选择符合社会需求及文化建设需要的材料,当然在中国,满足上述目的的材料涉及方方面面,所以教师应该尽可能选取广泛的素材作为翻译实践的材料,并做到材料能与语言知识和翻译技巧相结合,同时所选的素材还有利于文化间的对话,尤其有利于中国学生对中外文化的了解,并将素质教育纳入选材的考量范围之内。同时,引导外语专业的学生在翻译实践过程中和译文欣赏过程中看到中国文化优越性的一面,加深他们对中国文化的了解,并提高他们的民族自豪感和自尊心,同时能够将中外文化进行对比,以摆脱外语专业的学生只对外国文化感兴趣的心理偏差。一些青年学生对西方国家的生活方式津津乐道,对西方国家的所谓自由、人权、个人主义情有独钟,盲目崇拜西方文化,而对于中国文化却知之甚少,甚至对中国传统文化嗤之以鼻。所以翻译教师作为双语转换的教师，最应该担负起这样的使命，通过翻译理论、翻译实践和译文赏析三个教学环节带领学生领略母语文化，提高学生的母语文化素质，更好地弘扬中国文化。同时，翻译教师要严格要求学生的中文水平，尤其是笔译课的教师，不要纵容学生的欧化句式和措辞，以使得学生能够对纯正的汉语进行发扬光大，杜绝太多的网络用词和非正式用词，以保持现代汉语的纯洁性。

第三，认真备课，对学生的翻译作业认真批改和反馈。如前文所述，翻译课需要教师具有一定的理论知识，包括翻译理论、语言学知识、语言对比知识、文体知识等，同时教师所提供的翻译材料应该是各种体裁和题材的，并且要保证材料的时代性，所以翻译课的教学需要做好很多前期的工作。虽然备课量很大，但教师必须认真、详尽地备课，广泛地收集各种资料，并将这些知识和材料化为我有。在课堂上挥洒自如，出口成章，激发学生的兴趣。试想，一个不认真备课的翻译教师站在讲台上，只会照本宣科，教师本人都感觉有多么不自在，学生又会感到多么枯燥无味。另外，翻译是一门实践性很强的课程，在教师讲授中外语言和文化异同与翻译技巧的基础上，学生必须进行一定字数的翻译实践练习，并由教师批改和反馈，这无疑会给教师带来更多的课业负担。但是，一位有责任感的教师应该不厌其烦，投入时间和精力对学生的作业认真批改，并从中发现学生掌握的翻译技巧和暴露的问题，总结归纳，这样在下次课堂上进行作业反馈的时候就能够有的放矢，真正提高学生的翻译水平。

综上所述，目前高校翻译教师队伍虽然在素质上有一定的提高，但是依然存在一定的问题。要解决这些问题，就应该重视翻译教师的职业发展。教育机构、管理者、教师本人和翻译学习者等各方对翻译教学的重视是教师职业发展的重要前提；翻译教师本人重视其实践技能和理论研究水平的提高以及教师本人的高尚的职业道德情操则是根本。当然，翻译教师的职业发展还有待翻译教师本人在教学实践中不断反思并探究更多的途径。总之，期待在相关各方的重视下，将来的翻译教师都应该接受过翻译专业的系统训练，都应该具有翻译理论和教学理论素养和社会翻译实践经验，根据社会实际需求有的放矢地以更艺术、更科学的方式向翻译学习者讲解翻译，从而提高学习者的专业素养，满足新形势对翻译人才的需求。

参考文献

[1] 汤静芳. 商务英语翻译 [M]. 北京：对外经济贸易大学出版社, 2007.

[2] 顾渝. 商务英语翻译 [M]. 北京：对外经济贸易大学出版社, 2014.

[3] 朱慧芬. 生态视域下的商务英语翻译理论与实践研究 [M]. 北京：北京理工大学出版社, 2013.

[4] 苑春鸣, 姜丽. 商务英语翻译 [M]. 北京：外语教学与研究出版社, 2013.

[5] 唐渠, 孔宁宁, 曹悦. 商务英语翻译研究 [M]. 北京：中国商务出版社, 2011.

[6] 朱彤勋, 陈兆军. 跨文化交际与商务英语翻译研究 [M]. 北京：中国商务出版社, 2005.

[7] 郭丹, 彭建明, 张焕新. 文化差异与商务英语翻译研究 [M]. 北京：中国商务出版社, 2012.

[8] 曹盛华. 当代商务英语翻译研究 [M]. 北京：中国水利水电出版社, 2016.

[9] 刘白玉, 窦钰婷. 商务英语翻译研究 [M]. 武汉：华中师范大学出版社, 2012.

[10] 岳琳琳. 文化自信视阈下商务英语翻译技巧创新研究——评《英语教学与商务翻译研究》[J]. 中国油脂, 2022, 47(6):155.

[11] 李斯琦. 浅析商务英语翻译技巧 [J]. 当代教研论丛，2022(3).

[12] 庞春燕. 功能对等理论视角下商务英语信函的翻译研究 [J]. 现代语言学, 2023, 11(6):8.

[13] 李颖露. 思政素材融入《高职商务英语翻译》课程的探索与实践 [J]. 空中美语, 2022(3):325-327.

[14] 谢梦琳. 跨境电商背景下商务英语翻译技巧探讨 [J]. 花溪,

2023(8):0094-0096.

[15] 巫安琪. "互联网+"背景下的商务英语翻译教学研究——以跨文化语用学视角为例[J]. 海外英语, 2022(8):2.

[16] 邹榕, 蒋雷雷. 跨境电商背景下商务英语翻译技巧研究[J]. 海外英语, 2022(24):3.

[17] 黄若兰. "一带一路"倡议下国际商务英语翻译探讨[J]. 海外英语, 2022(15):21-22.

[18] 吴芳燕, 陈诗沁, 颜春静. 翻译目的视角下跨境电商平台上商务英语翻译技巧研究[J]. 现代商贸工业, 2023（14）.

[19] 唐慧. 跨文化语境下的商务英语翻译对策研究[J]. 海外英语, 2022(3):3.

[20] 吴明茜. 商务英语翻译问题解决策略研究[J]. 英语广场: 学术研究, 2022(30):11-14.

[21] 陈淑芬. 商务英语翻译教育教学创新研究[J]. 食品研究与开发, 2022, 43(11):I0013.

[22] 杜娟. 基于POA的高职商务英语翻译教学研究[J]. 英语广场: 学术研究, 2023(5):120-123.

[23] 李靖航. 跨文化视角下商务英语翻译研究[J]. 海外英语, 2022(11):3.

[24] 邓来英, 邓建国. 跨文化交际视角下商务英语翻译研究[J]. 广东教育: 职教, 2023(4):31-33.

[25] 王鑫. 跨文化交际视角下的商务英语翻译研究[J]. 海外英语, 2022(10):2.